Piotr Feliks Grzywacz
ピョートル・フェリクス・グジバチ

グーグル、モルガン・スタンレーで学んだ

日本人の知らない会議の鉄則

The Iron Rules of Meetings

ダイヤモンド社

はじめに：誰も言わなかった、日本の会議が変わらない「本当の理由」

「ピョートルさん、会議の場で、本音なんか言うもんじゃないですよ！　どうせろくなことにならないんだから」

あるとき僕にそう話したのは、日本企業に勤める親しい友人でした。彼は、積極的にセミナーやカンファレンスに参加するほど、知的好奇心が旺盛で、人柄も魅力的。いわゆる一流企業で活躍する優秀なビジネスパーソンです。そんな彼が、「自分の意見を述べる」というもっとも基本的な仕事すら放棄しているなんて……僕は、心から驚きました。

彼だけではありません。どうやら、その会社で多くの社員が自分の上司に対して、会議の場で本音を言うことはないのだそうです。

じゃあ、非の打ち所がないほどその上司が素晴らしいのかって？　いやいや、むしろまったくの逆です。

上司は瑣末な数字にこだわり、新しいアイデアを否定し、資料を一瞥していつもしかめっ面。

一方で同僚は、目をつけられるのが嫌でまったく発言しようとしない。「全会一致」で決まったはずの決定事項には「あんなの絶対うまくいくはずがない」「上司はいまの時代がわかっていない」と、会議が終わった瞬間から愚痴ばかり。けれども、誰一人としてその現状を覆そうとする人はいないのです。

「それなら、もっと建設的な会議にすればいいじゃないですか」と僕はいつも言うのですが、「いやあ、おっしゃることはごもっともなんだけどね……」と、みなさん口をつぐんでしまいます。

どうして、こんな残念な会議が生まれてしまうのでしょうか？

ひとつは、ノウハウがないからです。

議題（アジェンダ）はいつまでにどう共有するか、無駄な会議はどうなくすか、決まらなかった議題にはどう対応するか……。

会議には一定の「ルール」や「仕組み」が必要です。しかし、多くの人は日々会議を行っているにもかかわらず、それらの「コツ」を一度も習ったことがありません。だから、不満を抱いていても変えられないのです。あなたは「無駄な会議」を変えたいと思いませんか？　本書では、僕がグーグルやモルガン・スタンレーで学んだ効率的な会議運営のノウハウを、惜しみなく公開していきます。

しかし、ルールや仕組み「だけ」を学んでも、残念ながら問題は解決しないでしょう。その証拠に、これまでノウハウ本が何冊も出ているのに、日本の会議は大きく変わってきませんでした。

なぜ、今までの「会議本」には限界があったのでしょうか？

それは、会議を変えるのに必要なもうひとつの重要なスキル「葛藤のマネジメント」が抜け落ちていたからです。

会議とは、必ず複数人で行うものです。個性も考え方も異なる多様なメンバーが意見を交わすと、そこにはおのずと「葛藤（＝コンフリクト）」が生まれます。**会議は本質的に、「葛藤」の場**なのです。

「葛藤」と聞くと、なんだかネガティブなものに聞こえるかもしれませんね。実は、葛藤の中にもいい葛藤と悪い葛藤があります。よりよい答えを導くために「アイデア」同士がぶつかるのは、いい葛藤。逆に、アイデアではなく、話し合っている人の「感情」同士がぶつかってしまうのが悪い葛藤です。グーグルでは、「感情レベルの葛藤を減らし、アイデアレベルの葛藤を増やせ」という考え方が共有されていて、この2つは明確に区別されています。

しかし、日本人は両者を混同してしまっているように思えます。「和を以て貴《とうと》しとなす」という感性も影響しているのか、感情レベルの葛藤を恐れて、何らかの意見を表明することすら、できなくなっているのです。だから、生産性が低い会議だとわかっていながら、そのまま放置されてしまう。いまの**日本の会議に必要なのは、感情レベルの葛藤ではなく、アイデアレベルの葛藤を増やすよう、マネジメントするという視点**ではないでしょうか。本書では、会議運営のノウハウに加え、葛藤のマネジメントに必要な2つの要素もお伝えします。

ひとつは、ファシリテーションスキル。

グーグルでは、社員に対してファシリテーションの研修が用意されています。研修は必修ではありませんが、多くの人が自主的に学びます。ファシリテーションのスキルを身につけていなければ、会議で高いパフォーマンスを出すことができないと知っているからです。

一方、日本では「ファシリテーションを学びました」と話す人をあまり見かけたことがありません。しかし、ファシリテーションは会議においてもっとも影響力を発揮し、リーダーシップが求められるとても重要な役割。ＡＩ（人工知能）には置き換えられにくい、これからの時代において必須のスキルだと言えます。まだ学ばれていない方がいたら、今すぐ身につけるべきだと、自信を持って断言します。

そしてもうひとつ、葛藤のマネジメントに必要なのが、「心理的安全性（psychological safety）」です。「心理的安全性」とは、お互いに考えていることを気がねなく言える状態を指す、心理学の言葉です。グーグルは、２０１２年から16年にかけて行った働き方改革の研究「プロジェクト・アリストテレス」において、心理的安全性がチーム内に築かれているかどうかが、チームの生産性にもっとも大きく影響すると結論づけました。

外資系というと、血も涙もない人たちがロボットのように黙々と働いているかのようなイメージを持たれることがありますが、実際はその逆です。もちろん企業にもよりますが、成果を出している企業ほど、いい人間関係の構築がどれほどチームの生産性を高めるかを熟知しています。ですから、チームビルディングをあらゆる階層で丁寧に行うのです。

本書でお教えする「運営ノウハウ」「ファシリテーション」そして「心理的安全性」。これらが組み合わさったとき、はじめて日本企業の会議は変わるはずです。

自己紹介が遅れました。

僕は、ポーランド人のピョートル・フェリクス・グジバチです。日本に来てから、かれこれ18年になります。

ベルリッツではグローバルビジネスソリューション部門のアジアパシフィック責任者として、モルガン・スタンレーではラーニング＆ディベロップメントヴァイスプレジデント、そしてグーグルではアジアパシフィックでのピープルディベロップメント、およびグローバルでのラーニング・ストラテジーに携わるなど、一貫して人材開発をフィールドにキャリアを築いてきました。今は独立して国内外の様々な企業に対して組織開発や人材開発、戦略コンサルティングを提供するプロノイア・グループと、新しい働き方に基づいた人事ソフトウェアを開発するモティファイ社の二社を経営しています。

これまで様々な日本企業と関わり、多くの日本人と働いてきました。みなさん、とても友好的で思慮深く、素敵な方ばかりです。でも、ひとつだけ残念に思うことがあります。それが、日本企業特有の「生産性が低く、決まらない会議」なのです。

本書では、働き方のプロフェッショナルとして、長く日本人と働いてきた自分だからこそ伝えられる「会議のノウハウ」＋「日本人のための葛藤のマネジメント術」をお教えしようと思います。基本的に社外の打ち合わせではなく、社内の会議・ミーティングを想定していますが、意見を伝え、議論を重ね、何らかのアウトプットを出すというプロセスは一緒ですから、社外とのやり取りにも十分役立ててもらえるのではないかと思います。

会議は、会社のもっとも重要な「コミュニケーション・プラットフォーム」です。会議がダメな会社に、いい会社はありません。たとえ一時的に業績がよくても、コミュニケーションがうまくいっていないのですから、社員の働き方に対する満足度は低くなり、遅かれ早かれ業績もダメになるでしょう。

もしあなたの会社の会議が、「無駄」と「建前」ばかりの残念な会議であっても心配いりません。この本を読み、会議が変われば、コミュニケーションのあり方が変わり、やがて会社そのものが変わります。「たかが会議、されど会議」です。

僕は日本に来てからというもの、多くの日本人によくしてもらいました。

この本の内容が、少しでもその恩返しになればうれしく思います。

２０１８年５月

ピョートル・フェリクス・グジバチ

グーグル、モルガン・スタンレーで学んだ

日本人の知らない会議の鉄則

目次

目次

第2章 「進行」の鉄則

生産性を最大化する9のルール

第3章 「ファシリテーション」の鉄則

感情レベルの葛藤を減らし、アイデアレベルの葛藤を増やせ

第4章 「根回し」の鉄則
なぜ、グーグルは日本企業以上に「根回し」を重視するのか

第5章 「チームづくり」の鉄則

「安心感」こそ最強の戦略である

第1章

「ゴール」の鉄則

すべては「逆算」で設計せよ

The goal

日本人と働いて感じることは、とにかく意味のない会議が多いこと。「意味がない」というのはつまり「目的＝ゴールがない」ということです。

会議とは本来、目的となるアウトプットを出すための手段にすぎません。出すべきアウトプットが明確でないなら、会議など開かないほうがいいのです。

すべては、ゴールありき。「いつ」「誰と」「どこで」会議を開くべきなのかはゴールによって正解が変わってきます。会議を有意義なものにしたいなら、何よりもまず「何を得たいのか」を言語化するところからはじめましょう。

！ゴールがない「テーマ」だけの会議が多すぎる

僕の会社で、とある企業とイノベーション人材創出に関するプロジェクトを組んでいたときのことです。そこでは隔週に1回、2時間ほどの定例会議が設定されていました。

「人事部長肝入りのプロジェクト」ということもあって、毎回アジェンダ（※議題のこと。本書では、以後アジェンダで統一します）をその人事部長が作成しているのですが、多忙なのか、なかなか事前準備が追いついていない。会議が行われる時間の直前にならないと、アジェンダが届かないのです。

当然、誰も事前に資料を読み込めないまま、会議が始まったときには、「えっと、今日は何を話すんでしたっけ？」という状態。会議の終わりまでにどんなアウトプットが出ていればいいのか、会議のオーナー（責任者）である部長すらわかっておらず、いつも何も決まらないまま終わってしまいます。

しかも、参加しているメンバーの誰も、プロジェクト全体がどんなゴールを目指しているのか、今はどのフェーズにいるのか、はっきり認識していない。

しびれを切らした僕は、部長に「アジェンダが直前に決まり、毎回ゴールが共有できていない状態で出席しても成果を出せません。そもそも、このプロジェクト全体のゴールは一体どこにあるんです？」とはっきり伝えました。

すると、部長は「僕に任せてください。このプロジェクトは社長にもプレゼンし、ＯＫをもらっているんです」と、プレゼンの資料を見せてくれました。

資料に書かれていたのは、「ビジネスモデルが全産業で急速に変化している」「テクノロジーも発展してきた」「だからテクノロジーを使いこなし、内部からイノベーションが起こせる人材を育てる制度が必要だ」など曖昧な言葉の羅列で、なんともコメントしようのない話ばかり。肝心の「イノベーション人材に求められる要件は何か」「人材を外部から雇うのか自社で育てるのか」「どの程度の予算が必要か」などの具体的なゴールは、一切書かれていなかったのです。

つまり、イノベーション人材という今どき流行りのテーマだけは決まってはいるものの、具体的なゴールはまったく決まっていない。これでは「意義のあるプロジェクトに取り組んでいる」という部長の自己満足に、みんなが付き合わされているだけです。

こうした、「ゴール」がない「テーマ」だけの会議に、僕は何度も出くわしてきました。いつまでに、どのようなアウトプットを、誰に対して提出するのか。本来なら「ゴールにたどりつくために何が必要か」からすべてが逆算されるはずが、「とりあえず、話し合ってみようか」と、なあなあで会議が組み立てられてしまっているのです。

もし僕が部長の立場なら、まず最初に意思決定者と話し、何がプロジェクトのゴールとなるか、**アウトプットのイメージを解像度高く把握**します。そして、「最終的なゴールはこれで、そのために誰の合意をとりつける必要があり、どんな情報を載せた資料が、いつまでに必要」などと、基本的に**すべての情報をメンバーと共有**します。ゴールの具体像が見えていなければ、いかに優秀なメンバーが揃っても、力を発揮しようがないからです。すべては、ゴールの言語化と共有からはじまる。これは何にも優る一番の会議の鉄則です。

会議のゴールは「決める」「生み出す」「伝える」「つながる」の4つしかない

会議のゴールには、大きく4種類あると僕は考えています。

■ **意思決定（決める）**

客観的なデータや事実関係に基づいて、明確な結論を出すこと。複数の選択肢から、結論を「選ぶ」作業が必要になります。

■ **アイデア出し（生み出す）**

サービスやプロダクト、企画についてメンバーからアイデアを募ること。意思決定が選択肢を減らすプロセスだとすれば、アイデア出しは選択肢を増やすプロセスですから、会議の設計方法はまったく異なってきます。

■情報共有（伝える）

すでに決まったことを周知させ、メンバーの中で納得感を醸成し、実際に動いてもらうこと。人間は感情に基づいて動く生き物ですから、決まったことを無条件に実行できるわけではありません。たとえば、組織改編や人事異動などの大きな決定を「佐藤さんは来週から総務部へ異動となります。それまでに引き継ぎをお願いします」なんて、いきなりメールで指示されたら、誰だってイヤでしょう？　決定事項を実行まで落とし込むために、メンバーの感情を尊重し、納得感を醸成するのも、会議の立派なゴールのひとつです。

■チームビルディング（つながる）

これは、日本企業ではあまり会議のゴールとはみなされないものかもしれません。同じ目的やゴールを共有していても、メンバー同士は違う人間ですから、そこには常に感情レベルの葛藤が生まれるリスクがあります。その葛藤をマネジメントするために大切なのが、メンバー同士の信頼関係です。一見遠回りなように聞こえるかもしれませんが、チームビルディングができていないチームでは、ささいな感情レベルの葛藤がメンバーのパフォーマンスを下げたり、その葛藤を取り除くための時間が新たに必要になったりと、かえってコストがかかってきます。だから、パフォーマンスをとことん追求する外資系こそ、あえてチームビルディングを大切にするのです。第5章をまるまる使って、丁寧に解説していきましょう。

今、あなたが参加している会議はこの4つのうちどれなのか、すぐに答えられますか？ゴールが明確になれば、それに応じた適切な会議の進め方、環境づくりは、すべて逆算可能です。

「決める会議」の鉄則：一度で、必ず、全部を決めろ

細かいノウハウに入る前に、大原則からはじめましょう。「決める会議」においてもっとも大切なこと。それは言うまでもなく、「一度で決めること」です。

日本の会議でよく見られるのが、延々と議論を交わし、「ああ、もう時間ですね。では、今日出た意見を各自で考えて、詳細は次回に決めましょう」と、安易に決定を先延ばししてしまうこと。どんなアウトプットが必要かを曖昧にしたまま議論を交わしてしまうので、決めることへのコミットメントが低いのです。

決まらない会議には、大きく「整理不足」と「情報不足」の2つのパターンがあります。

整理不足とは、メンバーの出した意見のメリット・デメリットが整理されていなかったり、

議論の論点が定まっていなかったりするせいで、十分に情報があるにもかかわらず、結論を出すことができない状態。その解決にはファシリテーションのスキルが必須ですから、第3章で詳しく解説します。

僕が問題だと思うのは、情報を補えば解決可能なはずの「情報不足」ですら、日本の会議では先延ばしにされてしまうこと。

思いもよらなかった視点や意見が持ち込まれることが会議の存在意義ですから、いくら事前に準備していても、新たな判断材料が必要となり、現状では決められない、という事態はどうしても発生します。

「他部署が持っているデータが必要だ」「あの部署の●●さんの意向次第では、結論が変わってくる」……そんなとき、僕はすかさず、メッセンジャー（チャットのようなアプリ）を送るか、その場で電話をかけてしまいます。

プロジェクトで他の会社の人と一緒に働いていると、「ピョートルさんはスピード感が違いますね」と言われることがあるのですが、僕からすれば当たり前のことです。**情報を持っている人にコンタクトすれば一瞬で解決するような問題のために、結論を先送りする**

のはまったくもって時間のムダです。

会議後に情報を持っている人にメールを送って何度もやりとりしたり、メンバー全員がもう一回予定を調整したりするコストを考えれば、１、２分の中断など大したことではありません。まず、その場で電話してみましょう。電話に出ない場合はメッセンジャーを送っておけば、次のアジェンダに進んでいるうちに返事が来ることだってよくあります。

とにかく、一度で決めること。当たり前のようですが、僕からみれば、日本の会議は「今、この場で決めること」をすぐに諦めすぎです。商談の場でも「持ち帰って検討します」が口癖になってしまっている日本企業のスピード感のなさは、残念ながら他国の企業から批判の的になっています。

あまり意識されていないように思うのですが、こういうときにすぐ**気軽に連絡を取れるよう、部内にかぎらず他部署の人とも日頃から関係性をつくっておくことは、生産性を高めるための大切な「仕事」のひとつ**なのです。

それでも、忙しくて電話に出てもらえなかったり、メッセンジャーが返ってこなかったりしてどうしても決められないこともあるでしょう。そんなときも、ただなんとなく決定を先延ばしにしてはいけません。

僕が意識しているのは、**「わかっていること」と「わかっていないこと」を会議の最後に必ず切り分ける**こと。

もしその場ですべての意思決定ができなくても、「こういうことがわかって、こういうことが決まりました。この部分についてはまだわからないけど、●●さんがこの件について詳しいから、次回までに意見を聞いてみましょう。▲▲さん、ヒアリングした情報をまとめて、次の会議の二日前までにメンバーへの共有をお願いします」などと、少なくとも次回の会議までに、**誰が何をすればいいか、具体的なアクションに落とし込む**ことは、必ずできるはず。

何も決められないまま会議を終えるのでもなく、やみくもに時間を延長するのでもなく、限られた時間で結論を出すために、必要な情報はその場で仕入れる。これが「決める会議」の鉄則です。

「生み出す会議」の鉄則：ブレストこそ、しっかり準備しろ

会議がなければ生まれていなかったであろう新しいアイデアを、メンバーの集合知により生み出す。会議の中でもっとも不確実性が高く、マネジメントが難しいのがこの「生み出す会議」です。

だからこそ、「じゃあ一度ブレスト（ブレインストーミング）でもしてみますか」と、考えなしにセッティングしてはいけません。「制約なく、思いつくままにやるからこそいいアイデアが生まれる」と考えられがちなブレストこそ、実は「準備」が重要なのです。

ブレストは自由度が高いがゆえに、実現性の低いアイデアばかり生まれやすいという、ある意味リスクの高い方法です。みなさんも、なんとなくブレストをしてみたけど、結果的に生まれたのはたくさんの使用済みポストイットと、「何かをやった」という満足感だけだった……という経験は、企業で働いていれば一度や二度はあるでしょう。

ぶっつけ本番ではじめるブレストと、準備をしたうえでのブレストは、出てくるアイデアの質と実現可能性が圧倒的に違います。

僕がコンサルティングしている、ある企業を例に挙げましょう。農業用機械・部品の製造販売を行っている地方の老舗企業では、市場の縮小傾向もあり、新しいビジネスを開拓する必要性を感じていました。そこで、今後どういう戦略をとるのかを考えるため、会社の強みをあらためて洗い出すことにしたのです。

僕が役員会議でブレストを行うにあたり、参加者に事前準備してもらったのは、「自分が誇りを感じた仕事」について。切り抜きでもお客様からのメールでもなんでもかまわないので、具体的な材料を持ってきてもらいました。すると、「社長がインタビューされた記事の切り抜き」「お客様からお褒めの言葉をもらった手紙」「自分の記事が載った社内報」など、様々なものが寄せられました。それらをホワイトボードに貼り出して、俯瞰して見てみると、「こういう客層のお客様からは、とくに技術面において、高い支持を頂いている」「市場の変化を鋭く察して、他社に先んじてビジネスモデルを新しくつくりあげてきた」など、事実に基づいた振り返りができました。

もしこれが何の準備もなく行われたブレストだったら、「我が社はものづくりへのこだわりについてはどこにも負けない」「地場で培ってきた信頼がある」など、正しいかどうかをその場で判断しようがない、希望的観測に基づいた「曖昧でありふれた意見」ばかり出てきたかもしれません。

「思考の枠組みを外す」というブレストのよさは残しつつも、会社の現状はどうか、これまで築き上げてきた資産は何か……など、**あくまで「事実ベース」でアイデアを考えることで、実現可能性をしっかり確保**する。ブレストにはそうした準備が欠かせないのです。

もう一つ、ブレストで大切なこと。それは、言いっぱなしで終わらず、**その場でラフなアウトプットまで生み出してしまう**ことです。

そのためにご紹介したいのが「プロトタイピング」。何が大切で、どんなことが目的なのか、みんなで話し合いながら、その場その場で形作っていく方法です。

僕の会社「モティファイ」のプロジェクトを例に挙げましょう。共同創業者のドリーはUI／UXデザイナーで、「新しい働き方」に基づいた人事ソフトウェアを開発しています。そこで、「ブルーワーカー向けの人材育成アプリ」を開発するにあたり、「どんな機能を盛り込むか」についてブレストを行いました。

会議には実際に工場で働いている人たちに参加してもらって、彼らの実感に近い「キャリアジャーニーマップ」を作成することにしました。採用される前、入社1カ月目、1年目、2年目、3年目……と、時間軸を書き出し、その当時の気持ちや悩みごと、実際の行動をポストイットに書いて貼り出してもらったのです。そしてみんなでそのマップを見ながら、「この時にこういう言葉をかけてもらいたかった」「こういうことが知りたかった」などと意見を言ってもらい、それを集約しました。そして、ドリーがPCの画面を共有し全員に見せながら、「このイベントとこのイベントなら、どちらが重要ですか?」「このタイミングでもっと知りたいことはなんですか?」などと質問して、アプリのプロトタイプをその場で形作っていったのです。意見を集約するだけでなく、一つひとつその場で目に見える形にすれば、イメージがすれ違うこともなく、改善スピードもはるかに上がります。

これは、何も「デザイナーがいないとできない」方法ではありません。あらかじめ目指したい方向性を確認しあいながら、ホワイトボードにイラストや図案を描き出して「いま言ったのって、こういうイメージで合ってる?」「この案はこの要素があったらもっとよくなるんじゃない?」などと質問を繰り返しながら、メンバーの集合知を活用してアイデアをその場でどんどん形にしていきます。アイデアだけ生み出して、詳細は次回の会議で検討するなんてスピード感では、とてもこの時代についていけません。

準備にはじまり、アウトプットに終わる。この前後のプロセスを一度で終わらせるのが、本当に優れたブレストなのです。

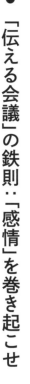

「伝える会議」の鉄則：「感情」を巻き起こせ

「伝える会議」とは、すでに会社として決定されたことを、全体に共有するための場です。しかし、当然ですが「共有すること」自体は、ゴールではありません。共有は次のアクションに向かうための、ひとつのステップ。だからこそ、伝える会議では**「次のアクションに向かって、メンバーが動き出したくなっているか」という、感情面にまで気を配らなければいけない**のです。

たとえば、「若手の育成が遅く、人材が足りていない」という課題を解決するために、会社全体に新しいメンター制度を導入されることが決定されたとします。その決定を伝える際、「こういう制度が来月から始まります」とだけ呼びかけても、おそらく、「若手の育成」という本来のゴールは達成できないでしょう。その場にいる人が、スマホをいじりながら「まあ、会社の決定だからやっておくか……」と話半分に聞いているのがせいぜい。当然、メンタリング自体も適当なものに、ひどい場合は「やったつもり」で終わってしまいます。こうした「決定はしたけど、実行はされない」状態は、実行する側はもちろん、伝える側のコミットメントにも問題があります。「僕はちゃんと言ったからね」で済ませるのではなく、**相手をどう動かすかを建設的に考え抜いて行動を促すところまで責任を持つのが、プロフェッショナルの会議**です。

僕の経験を振り返ると、グーグルでは「聞いた人の心に感動を巻き起こすこと」をゴールに置いたプレゼンがたくさんありました。「すでに決まったことだから」と無機質なスライドを使って淡々と話すのではなく、聴衆に「それは、頼まれなくてもやってみたい！」と心の底から思わせるよう、資料の一枚一枚まで考え抜かれていたのです。「なぜ、会社としてこのプロジェクトに取り組む必要があるのか」というミッションの共有からはじまり、カッコいい写真が使われていてビジュアルにもメリハリがある。「これだけの可能性を秘めたプロジェクトですが、みなさんの協力がなければ、大きなインパクトを生むことはできません。どうか、お力を貸してください！」と最後に協力を仰ぐことも忘れません。

よく会議についての本では、「とにかく準備を短く、資料はシンプルに」と言われますが、「感情を巻き起こす」ことがゴールとなる際は、写真一枚にこだわり抜くことは、まったくムダではありません。**大切なのは、その情報を伝えることで、どんな影響をもたらしたいのか**を考え抜くことです。

たとえば、僕がグーグルの前に勤めていたモルガン・スタンレーでは、基本的に「資料は一枚で簡素であること」が求められました。アナリストが発表する個別銘柄レポートなど、あくまで客観的に判断できる材料であることが大前提だったからです。そこでは、感情を巻き起こすことが必ずしも次のアクションに大きな影響を与えません。

ただ、日本の会議の現状を考えると、あまりに短絡的に効率化を優先させ、「一方的な伝達ばかりで、参加者の大半がつまらなそうにしている」「不用意に時間が長引かないように、言いたいことがあっても黙っておく」ことが多いように感じます。そのくせ、心から納得しているわけではないので、いざそれを実行するとなると、不満がボロボロと出てくるのです。そう考えると、日本企業の会議には、いかに会議で「感情を巻き起こすか」

という視点が、まだまだ足りないのではないでしょうか。

資料だけではありません。声の出し方や身振り手振りもゴールによって変わってきます。感動をゴールにするなら、明るい大きな声で、まず自分自身が楽しむこと。ジョークを交えてもいいでしょう。メンバーに熟慮を促したいのなら、柔らかく、落ち着いたトーンで。危機感を持ってもらうための施策を伝えるのであれば、あえて低い声で顔つきもシャープにして、「この意思決定は覆らない」ということを言葉以外でも伝える必要があります。

また、心からの納得を得るために、**たとえ決定事項が覆らない会議だとしても、最後には聞き手からの質問の時間を設けるべき**です。言いっぱなしで会議が打ち切られてしまっては、聞き手の心からの納得なんて、得られるわけがありません。

「質問の時間を設けない」ということは、社員に「あなたたちは私たちの言う通りに動けばいい」というメッセージを発するということ。どれだけ、マネジャーが「メンバーのみなさんを大切にします」と言っていても、そのための時間を惜しむようでは、聞き手も白けてしまい、長期的にはメンバーのパフォーマンスは大きく下がってしまうでしょう。

そもそも、**感情に働きかけるまでもなく、情報を伝えるだけで人が動いてゴールが達成**

できるのであれば、メールを一本出せばすむ話です。それでもあえて顔を突き合わせて話す意味があるからこそ、会議が開かれます。そして多くの場合、その意味は「感情を巻き起こすこと」にあるのです。

話し手と聞き手の間にどんな化学反応を引き起こしたいのか、そのためにはどんなエネルギーを場に持ち込めばいいのか。いわば、会議はひとつの舞台です。あなたは演出家兼役者として、ゴールにふさわしい舞台をつくりあげなければならないのです。

「つながる会議」の鉄則：環境をゼロベースで設計しろ

「つながる会議」とは、チームビルディング、つまり、よりよい関係を築くための会議のこと。でも、日本の企業にはチーム内に良好な関係を築くことの重要性自体、まだまだ浸透していないようです。

伝える会議でも少し触れましたが、人間とは、感情によってパフォーマンスが大きく左右されるもの。であれば、メンバーが感情的なストレスを抱えないように気を配るのが、建設的な組織のあり方でしょう。

「いや、感情に左右されないのがプロの仕事だ！」という意見をお持ちの方もいらっしゃるかもしれませんが、僕はその意見にはあまり賛成できません。

僕がそう考える根拠になっているのが、グーグルに在籍していたときに行われた「プロジェクト・アリストテレス」です。このプロジェクトでは、働き方改革を目標として、

「どんなチームの生産性が高いのか」を様々な角度から調査しました。

調査は、いくつかの仮説をもとに行われました。

- 成功するチームのチームリーダーは圧倒的なリーダーシップやカリスマ性を持っているのではないか
- 特定の「報酬」によってモチベーションが高まっているのではないか
- 生産性の高いチームをつくるには、結局パフォーマンスの高いメンバーを集めるしかないのではないか

しかし、調査の結果明らかになったのは、これらの要因はすべて、チームに与える影響が小さい、という意外な事実でした。なかでも「メンバー一人ひとりのパフォーマンスは、チームの生産性に対してあまり影響しない」という結果は、多くの人に驚きをもって迎えられたのです。

では、もっともチームの生産性に影響を与えていたのはどの要素だったのか？　実は、

成果の高いチームに共通していたのは、メンバーやマネジャーがそれぞれ均等に、お互いに考えていることを気がねなく言えること。そして、相手の思いを汲み取り、思いやれることでした。つまり、他のメンバーの反応に怯えや羞恥心を感じず、自分をさらけ出すことができる状態――それらは心理学でいう「心理的安全性（psychological safety）」だったのです。だからこそ、グーグルではメンバーが安心感をもって仕事に打ち込めるよう、チームビルディングをとても重要視します。

何も、社交的な人ばかりがたまたまグーグルに集まっているわけではありません。彼らはあくまで客観的な事実から、関係性がチームのパフォーマンスを高めるうえで大切だということをはっきりと認識しているのです。

よくビジネス書では、「議論の質を高めるために、ヒトとコトを分けよう。否定されたときも、自分というヒトが否定されたのではなく、自分の考え、つまりコトが否定されたにすぎないのだから」などと語られることがありますが、これは、事実の半分しか映していません。いきなりどんな相手にもヒトとコトが分けられるなら、誰だって苦労はしません。「この人なら、私の思っていることを素直に話しても大丈夫だ」という心理的安全性があるからこそ、はじめてヒトとコトを分けた良質な議論が成立するのです。そしてそのために欠かせないのが、チームビルディングなのです。

僕がチームビルディングの話をすると、「大丈夫！　うちは定期的に面談を設けて、部下から相談してもらっていますから」という反応を頂くことがあります。

でも、その面談は本当にメンバー（僕は上下関係を感じさせる「上司」「部下」があまり好きではないので、この本でもできるかぎり「マネジャー」「メンバー」という表現を使います）のためになっているでしょうか？　よくあるのが、単なるマネジャーの自己満足に終わっている面談。マネジャーが腕組みをして「何か言いたいことはあるかな」とメンバーの話を聞き、いつしかアドバイスとして自分の過去の体験談を語りだし、最終的には自慢話にすり替わっている……メンバーはげんなり、元気になったのはマネジャーだけ、なんてことも珍しくありません。そんな形式的な面談では、心理的安全性が築かれるはずがないのです。

面談のゴールは、メンバーとの間に心理的安全性を築くこと。であれば、そこから逆算したら、どのような形がベストでしょうか？　僕なら、場所、時間帯、雰囲気などの「環境」をゼロベースで設計することに細心の注意を払います。

たとえば、僕はよく天気のいい日はメンバーを公園に連れ出し、ベンチに座りながら話を聞きます。**いい関係性を築くことがゴールなら、必ずしも会議室でやる必要はありません。**公園がなければ、オフィス周辺の人通りが多くない道をゆっくり歩きながら話すのもいいでしょう。オフィスビルならテラスに出たり、テラスがなければ近所のカフェでも、どこだっていいのです。外に連れ出して一緒に歩くこと自体が「あなたをひとりの人として大切に思っています」というメッセージにもなります。


複数名のメンバーがいる場合でも同じです。

たとえば、以前僕のアシスタントの誕生日が近づいたとき、ほかのメンバーにも内緒で「今週の会議はちょっと大事な発表があるから場所を変えよう。セルリアンタワー（渋谷にある高層ビル）のラウンジに集合ね」とだけ伝えて、呼び出したことがありました。

そして僕と彼女、他のスタッフたちと4人で集まったところで、「実は、今日は特にアジェンダを用意していません。今日は誕生日会です！」と、みんなでアフタヌーンティーを楽しみました。

もちろん、僕にはアジェンダはなくとも、ゴールがありました。彼女と他のスタッフが仲良くなることで、困ったときに互いに助け合ってもらえるようになってほしい。それに、僕自身も、彼女がどんな人で何を考えているかを深く理解することで、もっと仕事がしやすい環境を用意したかった。これもあくまで、チームビルディングの一環です。

ケーキを食べ、みんながすっかりリラックスした後、「せっかくなので、最近あったよかったこと、困っていることを一つずつ、みんなでシェアしましょう」と切り出してみました。そうすると、ひとつどころかどんどん意見があがってきました。普段の業務でいいづらいことだって、そのような環境でならお互いに腹を割って話すこともできるでしょう。

会議室で「みなさん、最近、何か困っていることはありませんか?」と呼びかけても、なかなか言い出せないこともあります。「高層タワーのラウンジで、美味しいケーキと紅茶を楽しむ」という非日常的な雰囲気を演出することで、スタッフから本音を引き出すことができたのです。

もちろん、毎週外に出てチームビルディングをする必要はありません。時間がとれないときは、コンビニでお菓子を買ってきてみんなで会議中につまむなど、チームビルディングにつながるちょっとした工夫をふだんのルーティーンに組み込んでみるのでもいいでしょう。「ランチミーティング」と称して昼ごはんを定期的に食べるのでもかまいません。

何より大切なのは、チームビルディングを会議の「ゴール」のひとつとして認識すること、そして、そのために形に縛られずにメンバーにベストな環境を用意することです。

僕が、イタリアンでワインを飲みながら会議をした理由

「つながる会議」にかぎらず、僕は常々もっと会議のあり方は自由でいい、いや、ゴールから逆算すれば、もっとおのずと自由な形になるはずだ、と考えています。

グーグル時代、僕は隔週金曜日の15時半から1時間半、あるメンバーと「イノベーションミーティング」と称して、六本木ヒルズのイタリアンで軽くワインを飲みながら、話し合う時間を設けていました。最近考えているアイデアをシェアして、「これ、どう思う？」「こうするとうまくいくんじゃない？」などと、ふだんはなかなか話せないような突拍子もないことや会社の長期的なゴールについて、自由に話し合うのです。

なぜ、一般企業の就業時間中に、わざわざワインを飲みながら打ち合わせをするのか？

それは、その会議のゴールが「バカげたアイデアでも構わないから、なんでも言ってみ

る」ことだったからです。

「どんなアイデアでもいいんだ。実現可能性にとらわれずに、思いっきり理想を語ってみよう」なんて、会議室で上司に真顔で言われたって、急に思いつくわけがありませんよね。イタリアンでワインを飲みながら考えたほうが、よりクリエイティブでワクワクするようなアイデアが生まれるはずです（もちろん、飲み過ぎは禁物です！）。

そして、同じ金曜の17時からは「TGIF（Thank Google It's Friday）」という全社ミーティング。グーグルでは毎週金曜日に、全社員が集まって、食べ物や飲み物をつまみながら、自由な雰囲気のなかで会社の方向性や重点施策などを話します。この場にはチームビルディングというゴールもあるため、わざわざパーティのようなフランクな雰囲気を演出しているのです。

この、金曜17時という時間だって、リラックスした状態を生むための環境づくりのひとつ。誰だって一週間集中して働いた後の週末は楽しみですし、明るい雰囲気からは建設的なアイデアが生まれます。そのアイデアが、週末にしっかりと熟成し、「あ、もしかすると、こうするとゴールに近づくかも！」「そういえば、あのときお世話になったあの人なら何か知っているかも」などと、思いつくことだってあるかもしれない……大げさかもしれませんが、そんなことまでイメージを膨らませて、一つひとつの会議が設計されているのです。

僕自身も、いつも自由な雰囲気で話せる金曜午後はできるだけ仕事を入れず、メンバーとの話し合いの時間を設けることにしていました。

話し合いといっても、ちょっとメンバーのいる席に腰を降ろして「最近どう？」「こんなの思いついたんだけどどうかな？」「昨日テレビで見たこれ、おもしろいよね」などと、仕事のことも、仕事に関係ないことも雑談ベースで話すだけ。

そして月曜には1on1ミーティングをセットしておきます（グーグルでは、マネジャーとメンバーのフォローアップ・コーチング的な面談のことを「1on1ミーティング」と呼んでいます）。

「先週の金曜に話していたアイデア、週末の間にこんなことを考えたんですけど、どうでしょう？」

「いいね！　ここをもっとブラッシュアップして、次の会議で提案してみようよ」など、間髪を容《い》れずアイデアが具体化することもよくあります。

無機質な机が整然と並ぶ会議室に、奥から上司が順に詰めて座り、ホワイトボードがひとつあって……。どうも日本企業は固定観念にとらわれて、会議の「形」にこだわる傾向が強いように感じます。

しかし、はたして、そんな環境でいいアイデアが生まれるでしょうか？　そして、そんな環境でやる必要性はあるのでしょうか？

ゴールによって、ベストな「環境」は違うのですから、会議だからといって、すべてを会議室で完結する必要はありません。**場所はもちろん時間、曜日など、環境づくりを逆算して考えるところから、もう会議ははじまっている**のです。

会議こそ、ゴールへたどりつく「最速」の手段

日本にいると、会議はつくづく嫌われ者になってしまっているな、と感じます。会議の時間になると憂鬱な顔で会議室にぞろぞろと集まり、話を聞くのもそこそこに持ってきたパソコンでいわゆる「内職」をしてばかり。時計の方を何度も見て、「ああ、また今日も会議のせいで残業だ……」と肩を落とす。

たしかに、いちいち全員の予定を調整し、部屋を予約し、長い時間拘束された挙句、人数が多すぎて一度も発言できないような従来型の「重たい」会議は、嫌われてしまうのも無理はありません。

でも、会議はもっと「軽く」、カジュアルなものでいいのではないでしょうか。

グーグルにはカフェテリアや数人が立ち寄れる小さなテーブルがたくさんあるため、社

員はよくそこで、「即席ミーティング」を行います。いちいち予定も調整せず「ちょっといい？」の一言で会議がはじまるのです。フロアが違えば、チャットを送って、とにかく、すぐに呼び出します。

日本の会社では、いきなり声をかけて「これから会議しよう」と言うなんて失礼、という文化があるかもしれませんが、グーグルはとにかくスピード重視。

メールで何往復もしたり、返事をもらうまでの間に待ち時間が生じることを考えれば、**実は一番スピード感のある課題解決ツールは会議**なのです。すべてはゴールからの逆算なので、アウトプットを出すのに必要な最小限の人数にだけ声をかけて、短時間のうちにその場で決める。ふつうの会社がメールを一本書き終わるまでの間に、ひとつの問題が解決されてしまいます。だからこそ、意外に思われるかもしれませんが、**グーグルでは会議の数は「多い」**のです。会議がいちばん早く問題を解決する有意義なツールだとわかっているため、あまり嫌がられることもありません。むしろ、スピードの遅いメールの方こそ嫌われ者だったりします。

日本の重たい会議は、どんどん「軽く」してしまいましょう。もっと気軽に会議を開き、出したいアウトプットさえ明確にすれば、どんどん課題は解決していくはずです。取り組むべき課題が目の前にあって、それが会議を開くことで解決するなら、「さっさとやってしまおう」と思えるでしょう。そう、会議はチームでパフォーマンスを発揮するのに、もっとも合理的で効果的な手段なのですから。

第2章

「進行」の鉄則

生産性を最大化する9のルール

The iron rule

ゴールが決まり、出すべきアウトプットをしっかりと言葉にできれば「何のためにあるのかわからない会議」にはひとまずおさらばです。

次は、いよいよ実際に会議を進行する上での「鉄則」を解説していきましょう。会議の進め方はあくまでゴールによって柔軟に変えていくべきですが、ここでは僕、ピョートルが、グーグルやモルガン・スタンレーなど社風の異なる会社で働いたなかで身につけた、「あらゆる会議で使える基本的なルール」を提案します。

「アジェンダ」の鉄則：「オペレーショナル」か「創造的」かで切り分けろ

アジェンダは会議の進行を決める上で基本となるものです。会議における「地図」のようなものですから、アジェンダがぼやけていると、どんなにがんばって歩いても目的地にたどりつくことはできません。けれども、定例のチームミーティングなど、いつもと同じメンバー、同じような内容で行う会議では、ついつい曖昧になってしまうことも多いもの。

ここでひとつ例を見てみましょう。次のページのアジェンダA、みなさんなら何点をつけますか？

アジェンダA（よくある会社のアジェンダ）

営業部定例ミーティング 2018　○月○日10:00-10:50

- プロモーションイベント「○○」ブレインストーミング（山田）
- CRM（顧客関係管理）ツール変更検討（鈴木）
- 新規顧客獲得と既存顧客ケアのリソース配分
- 予算進捗確認（斉藤）
- 社内人事制度変更のお知らせ（斉藤）

アジェンダB（ピョートル流のアジェンダ）

営業部定例ミーティング 2018　○月○日10:00-10:50

- チェックイン（5分）
- 【情報共有】予算進捗確認（斉藤）M　5分
- 【意思決定】新規顧客獲得と既存顧客ケアのリソース配分（山田）M　10分
- 【意思決定】CRM（顧客関係管理）ツール変更検討（鈴木）M　5分
- 【アイデア出し】プロモーションイベント「○○」ブレインストーミング（山田）H　15分
- 【情報共有】社内人事制度変更のお知らせ（斉藤）L　5分
- まとめ（5分）

テーマと担当者……。

これだけでは、十分とは言えませんよね。

僕がファシリテーターとしてアジェンダを組むとしたら、アジェンダBのようになります。

新たに**「ゴール」**のほか**「プライオリティ」**と**「時間配分」**という要素を加えました。

「プライオリティ」は、それぞれの末尾にあるアルファベットによって示していて、それぞれHigh（高）・Medium（中）・Low（低）という意味です。あまり細かく分けすぎると実用的ではありませんので、三段階程度で十分でしょう。

また時間配分を明確にし、どのテーマにどのくらい時間をかけるかが共有できていないと、どこまで議論を広げるかの判断がつきません。

そして、新たにアジェンダに**「チェックイン」**と**「まとめ」**を加えました。これについてはのちほど詳しくお話ししますが、会議には入口と出口の設計が必須です。

アジェンダの順番についても変更を加えました。

僕はアジェンダの順番について考えるとき、**そのアジェンダが、オペレーショナル（実務的）なものか、創造的なものかに着目する**ようにしています。

「オペレーショナルなアジェンダ」とは、イエス・ノーで答えられる定型的な問題のこと。一方、「創造的なアジェンダ」とは、アイデアを生み出したり、プロジェクトやイベントを立ち上げたりする、無から有を生み出すタイプのものです。

この会議で言えば、ブレインストーミングは「創造的なアジェンダ」、その他の意思決定や情報共有は「オペレーショナルなアジェンダ」にあたります。

これらはできるかぎりブロックで分け、**「オペレーショナルなアジェンダ」を前半に、「創造的なアジェンダ」を後半に**持ってきましょう。「創造的なアジェンダ」は議論の自由度も高い分、前半に持ってくると、思わぬ延長が発生しがちだからです（一方、オペレーショナルなアジェンダは時間制限を設けサクサクと終わらせてください）。

ただし、例外がプライオリティの低いアジェンダ。最悪メールでも可能な情報共有、この会議で決定できなくとも大きな支障が出ない意思決定などが含まれます。これらはいつも会議の最後に置き、その他のアジェンダの進行によっては次回の会議に回す、バッファの役割を持たせてください。

最後に、これがいちばん大切なことですが、アジェンダは事前に余裕を持ってメンバーに共有しておくこと。当日の会議直前にあわてて知らせるようでは手遅れです。パフォーマンスが高い会議は、メンバー全員が準備を終え、トップスピードで走れる状態で開始されます。アジェンダを知り、必要があれば資料を読み込み、自分なりの意見を考えてから、会議に臨むようにしてください。

アジェンダについて、メンバーから質問が来たり、順番を調整する必要もありますから、**少なくとも「会議の前日の午前中」までには、アジェンダを共有しておくこと。**チームのパフォーマンスを最大化させるための重要な鉄則です。

「資料」の鉄則：ローカルでの作業とメール添付一切禁止

僕は元グーグルということもあり、グーグルドキュメントを多用していますが、これには理由があります。クラウドで共有することで、資料をやり取りするタイムロスをできるだけ削減したいからです。

クラウドが登場する以前は「資料を編集して、最新バージョンをメールで送って、指摘があれば、それを修正して、またメールで共有する」という煩雑なプロセスが発生し、ときには「あ、これは2日前の資料ですね。最新版はこちらです」なんてコミュニケーションミスが生まれることもしばしばでした。どれほど無駄が多かったことか！

せっかくみなさんはこんな便利な時代に生きているのですから、資料はすべてクラウドで共有しましょう。最新のデータが常にクラウドにアップされていれば、資料のバージョン管理に気を取られることもなくなります。

会議の間もＰＣの画面をスクリーンに映し、議論の内容をリアルタイムで書き込んでいけば、その場でゼロから資料の大枠を作成したり、ブラッシュアップしたりすることも可能で、あらためて共有する手間もありません。いちいちＵＳＢにデータを移し替えるために、僕たちの貴重な時間を費やしてはいけません。

資料の作り込みに関して言えば、日本の企業はとにかく時間をかけて「完璧なものを出さなくては」と思い込んでしまいがちです。けれど、プロトタイプでもいいので資料を会議に持ち込んで、自分では気づけなかった視点や、新たなアイデアを盛り込んでもらう方が、実際ははるかに効率的です。とにかく、細かなデザインはすべて後回しが基本。チーム内では「内部向けの資料は汚いくらいでちょうどいい」ぐらいの思い切った割り切りが必要でしょう。

一人綺麗に作り込んでくるメンバーがいると、周りのメンバーも「私もそれくらいやるべきなのかな」とひきずられてしまいます。**資料のクオリティに対する期待値のすり合わせは、個人の判断に任せず、統一した見解をチーム内でつくる**のが生産性アップの近道です。

また、会議中かどうかに限らず、一人で完璧な資料を仕上げる必要はありません。戦略を立てるのが得意な人、データを調べるのが得意な人、キレイなデザインを組むのが得意な人……それぞれの得意分野を発揮して、チームで同時進行に資料を作ったほうが、より高いパフォーマンスを発揮できることもあります。

コメント機能をうまく使えば、

「資料のドラフトをつくったのでコメントください！」

「昨年のデータを探したので入れときました」

「ここの結論わかりづらくないですか？　変更のご提案です。チェックお願いします」

のように会話が飛び交い、会議で顔を突き合わせていなくても、PC上でチームの力を借りて仕事をどんどん進められます。クラウドサービスがいかにチームの生産性を高めるか、おわかり頂けると思います。**ローカルで作業した資料を使っている時点で、生産性への意識が低いと言われてもしょうがない時代**になってきているのです。

しかし、僕がクラウドのサービスを薦めると、必ずといっていいほど返って来るのが

「いやあ、ピョートルさん、セキュリティに問題があるじゃないですか」という意見。その結果、残念ながら大手企業とお仕事をするときも「資料ができたらメールで送って下さい」と言われることが大半です。

でも、よくよく考えてみてください。この時代、ほとんどの業種でオフィス外へのＰＣの持ち出しを全面禁止するのは不可能です（無理に禁止すると、生産性にも悪影響があるでしょう）。もし資料をローカルに保存したＰＣを仮に１００人の社員が持ち出せば、１００の漏洩リスクが生じてしまう。しかし、クラウドであれば、ローカルにデータを保存させず、万が一ＰＣを紛失したときも大元のデータでアクセスを管理すれば済みます。どちらが安全か、考えるまでもないはずです。

結局「セキュリティのため」というのは言い訳で、前から使っていたものを変えたくないだけじゃないのかな……そう勘ぐってしまうのは、僕だけでしょうか。

「議事録」の鉄則：議事録は会議中に終わらせろ

「先日の会議の議事録です。ご確認くださいませ」と書かれたメールが来たけど、メールを受け取ったときには、すでに何の会議だったか思い出せない……。日本企業でよく聞く話です。

会議が行われた2、3日後に送られてくる議事録なんて、どれだけ丁寧に書かれていたとしても、実際マジメに読んでいる人はどのくらいいるのでしょうか。議事録を作るために費やしている時間も、会議の内容を思い出そうとする時間も生産性がとても低い。

僕がオススメしたいのは、会議中に議事録をすべて終わらせてしまうことです。ノートテイカー（議事録係）のPCを会議室のプロジェクターにつないで、スクリーンに映し出す。そして、アジェンダをベースとしてリアルタイムで議事録を作れば、参加者全員が「今、何を話して、どんなことが決まったのか」を理解することができます。それに、ホワイトボードに板書する係と、議事録を作る係と、二人も「書く係」に設定する必要もありません。**書く係に任命されると「考えなくてもいい係」になりがち**ですよね。貴重な時間なのに、二人も「言葉を発しない人」がいるなんて、もってのほかです。

議事録を作るのはもちろんクラウドのグーグルドキュメントで。共有のURLを参加者全員に一度知らせておけば、メールを送る手間すらありません。最新の議事録を常に上に書き足していく形にしておけば、ファイルもひとつですむし、見やすいですからね。

いつも「クラウド、クラウド」と言っているせいか、僕はホワイトボードなんて古いツールは使わないのだろうと社外の人には思われがちなのですが、実際にはけっこうよく使います。しかし、なんでもかんでも書き込んでいくのはオススメしません。**ホワイトボードが向いているのは、構造化が必要なアジェンダ**です。

残念ながら、図にして構造を整理し、要素ごとの関係性を整理するのにクラウドは向いていません。図示するなら、ホワイトボードに多少汚くても書きなぐってしまった方がスピーディに議論が進みます。

そして書きなぐった図は、パシャッと写真にとって議事録にすぐ挿入。このホワイトボードとの連携という点において、議事録はグーグルスプレッドシート（エクセルと形式が近いフォーマット）ではなく、グーグルドキュメント（こちらはワードに近いものです）で作った方が使い勝手がよいです。

議事録には、長々と経過を書く必要はありません。書くべきことは、シンプルで、

- **決まったこと**（必要に応じて議論の経緯）
- **次のアクション**（誰が、いつまでに、何をやるのか）

の2つのみ。

どこが重要なのか一目でわかるよう、僕はよく**「次のアクション」**だけ**赤字**にしたり、色を使い分けています。

「役割分担」の鉄則：全員平等に「仕組み」で回せ

あなたの会社の会議では、役割分担は決まっていますか？

「毎回、上司がファシリテーションする」「若手社員はいつも議事録係で、ろくに発言する機会がない」……こちらも日本企業でよく見る光景です。僕から言わせれば、会議においてファシリテーターはもっとも影響力を発揮するうえ、リーダーシップを培うことができるとても重要な役割。そのぶん、ファシリテーターが固定化してしまうと、どうしても「受け身」な人が出てきてしまうのです。

長期で行われるプロジェクトや部署単位の固定メンバーで行われる定例会議など、継続的に行うことが決まっているものなら、役割分担を明確にし、ローテーションすることをおすすめします。

役割は少なくとも次のものが挙げられます。

- オーナー（プロジェクトリーダー・マネジャー）
- ファシリテーター
- タイムキーパー
- ノートテイカー（議事録係）

オーナーは、決定権を持つ「会議の責任者」なのでローテーションというわけにはいきませんが、それ以外は基本的にメンバー全員の持ち回りにすべきです。

「役割を固定しないと、慣れるまで時間がかかるのでは？」「ファシリテーションが下手だと、かえって生産性が落ちるのでは？」と不安に思う方もいるかもしれません。けれど、役割分担を持ち回りにすることによって、「全員が役割を持って会議運営をしている」という意識は確実に高まり、内容への理解もより深まります。何より**自分がファシリテーターになって運営側の苦労を肌で理解しておけば、その後の会議への姿勢は確実に変わってきます。**長い目で見れば、メリットの方が何倍も大きいのです。

いかに自律的な人材を育成するか、腐心している企業も多いようですが、会議を通じて

「当事者意識」が養われることは、大きな成果のひとつと呼べるでしょう。

タイムキーパーの重要性も、日本の会議で意外と見落とされがちです。なんとなくの時間設定だけ決めておき、タイムキーパーをとくに置かない企業もまだまだ多いのが現状でしょう。でも、もしマネジャーが「話の長い人」だったら？　「すみません、課長、もうそろそろ時間なので、話を終わらせてもらえませんか？」と、勇気を出して言うことができる人はいるでしょうか？　**誰かが損な役回りを買って出なくてもいいように、あらかじめ仕事として「タイムキーパー」に割り振っておくべき**なのです。

タイムキーパーの役割は、あくまでシステマティックに「残り5分です」と会議に区切りをつけていくこと。たとえば、ブレストを20分設定していた場合、15分経ったところで「残り5分です」とみんなに告げます。その時点で、まだまだアイデアが足りない場合は、ブレストをここでストップするか、プライオリティが低いアジェンダを来週へ繰り越しにするか、ファシリテーターがその場でオーナーに意思決定を促します。

ただ、あまりにシリアスな会議の場合だと、「残り5分です」と告げるのすら、はばかられることもあるでしょう。そんな時は、**スマートフォンなどのアラーム機能をうまく使**

うことが効果的。機械的に「ピピピッ」と鳴らして、「すみません……時間みたいですね」と申し訳なさそうに話せば、波風を立てずに議論を収められるはずです。

ファシリテーターがタイムキーパーの役割を兼務することも可能ではありますが、議論が白熱して、つい時間を忘れてしまうことはよくあります。やはり、ファシリテーターとタイムキーパーはそれぞれ別に置くのが理想的です。

「スタート」の鉄則：あえて、全員に発言させてから始めろ

会議をどう始めるかにも、ちょっとした工夫が必要です。一般的な会議では、ファシリテーターが本日の議題を順番に読み上げていくのでしょうが、ピョートル流では「チェックイン」。本題に入る前に、会議に参加するメンバー全員からの今の状態や考えていることなどを明らかにしてもらいます。これは「みんなからのアップデート」を集めるようなものです。

チェックインの方法は様々ありますが、基本的にはファシリテーターから時計回りに順番を回して、20秒くらいの時間で端的に発表していきます。チェックインが機能している会議ではどんな発言が出るか、試しに聞いてみましょう。

田中「昨日、重要なプレゼンがあって、とても神経を使いました。今日はちょっと集中

力が途切れがちになっているかもしれません」

山田「今日提出した議題は、昨年からいつかできないか、と思っていろんな人にヒアリングをかけてまとめたものです。どうしてもいいものにしたいので、みなさんのフィードバックやアイデアをどんどんお寄せください！」

鈴木「最近子どもが熱を出したり風邪を引いたりで、みなさんにはご迷惑をおかけしています。バタバタしているのでいろんなボールを落としてしまっているかもしれませんが、気づいたことがあればどんどん指摘してもらえると助かります」

斉藤「アジェンダとして提出したＣＲＭツール変更の意思決定については、変更の可否を決めるだけでなく、導入のタイムスケジュールまで今日中に決めてしまいたいと思っています」

……大きく２種類の「チェックイン」があるのがおわかりいただけたでしょうか？

ひとつは、**「ゴールの共有」**。

「議事録」兼「アジェンダ表」となるドキュメントに書き込むには、情報量に限界があります。一口に「意思決定」と言っても、どこまでが決定されていればいいのか、決定が遅れるとどんなリスクがあるのか……。そうした**「いちいち資料には書けないけど、全員に共有されているべきこと」も、チェックインでは共有しておきましょう。**

もうひとつが、**「自己開示」**。

どうやら田中さんと鈴木さんは、朝からお疲れのようですね。人間ですから、波があるのは当然です。こんなときは、臨機応変に会議のアジェンダを変更してみてはいかがでしょうか。たとえば、「今日はみなさん、お疲れのようですから、会議もコンパクトに進めましょう。アンケートについては、オンラインで共有するだけで大丈夫ですよね？　疲れた中でのブレストではいいアイデアも出ないでしょうし、来週でも間に合うので延期します。今日は、最低限のアジェンダにとどめましょう」……といったふうに工夫すれば、20分は短縮でき、その分早く帰って疲れを取れば、チーム全体の生産性も上がります。

ただし、実はこのようにきちんと自分の感じたことを話すのはなかなか難しいもの。日本の企業で「チェックインをしてください」とお願いすると、実際は「緊張していますががんばります」「今日もよろしくお願いします」などあたりさわりのない言葉しか出てこないことがほとんどです。

そんな形式的なチェックインには、あまり意味はありません。

チェックインは、ゴールを全員に共有し議論を進めやすくするファシリテーションの一環であり、同時に自己開示により心理的安全性を高める、チームビルディングの一環でもあります。時短という観点からみれば一見合理的ではないチェックインの時間が、長期的にみれば、より質の高いアウトプットにつながっていくのです。

「プレゼン」の鉄則：紙は一枚も配るな

プレゼン資料のつくり方、話し方については、それだけで何冊も本が出ているくらいなので、細かいテクニックはそちらに譲りたいと思います。ただ、そうしたテクニック以上に重要なのは、繰り返しになりますが「何をゴールとしたプレゼンなのかを明確にする」ことです。

多くの日本企業とやり取りしていて感じるのは、「スライドを完璧にする」ことにばかり気を取られてしまい、ゴールが曖昧になってしまっているということ。意思決定をゴールとするなら、判断材料としてわかりやすいデータが用意されてさえいればいいし、情報共有をゴールとするなら、伝えたいキーメッセージさえ明確になっていればいい。思い切って絞っていきましょう。

どんなゴールにせよ、何十枚もスライドを並べる必要はありません。無駄な時間は一秒でも削って、有意義なアウトプットを増やしましょう。

もちろん、第1章でお伝えしたように、「聞き手の感情を巻き起こす」ためにビジュアルにこだわるのは、決して無駄ではありません。ビジュアルにはこだわりたいが、あまり時間もかけたくない……そんなときはグーグルスライド（プレゼンテーションツール）の力を借りましょう。「コンサルティング」「プロトタイピング」「ケーススタディ」「状況報告」など、シーンに応じて、それを伝えるのにふさわしいデザインのテンプレートが用意されています。「マイルストーン」や「次のアクション」「ペルソナ」など、どの状況をどう並べるべきかまで整理されているので、一度フォーマットを見てみるだけでも今後のプレゼン資料作成に大いに役立つはずです。かっこいいスライドをつくることや、構成に各担当者が毎回頭を悩ませるのは、はっきりいってもったいない。本質的なことに集中するためにも、**リーダーはメンバーにテンプレートの利用を促すのが得策**です。

フォーマットの力を借りるという点では、データビジュアライゼーション（データのビジュアル化）のために、グーグルデータスタジオ（https://datastudio.google.com）の力を借りるのもとてもオススメです。データをよりわかりやすくするためにかける、膨大な時間を節約できますよ。

プレゼン資料の「見せ方」も、資料作りにくらべると見過ごされがちなポイントです。何とか稟議を通したい企画がある場合、参加者全員にスライドを紙に印刷して、配っている人も多いでしょう。すると、どうでしょう。あなたが熱意を持ってプレゼンを行っているなか、みなさんは手元の資料とにらめっこ。せっかちな人はまだ話していないページをめくったりしていて、話をきちんと聞いている人は半分いればいいほうです。

みんながうつむいていると、だんだん空気も重くなります。不思議なことですが、重たい空気の中にいると、人はどんどん「粗探しをしよう」というモードになってきます。結局批判的な意見ばかりが出て、企画が頓挫することにもなりかねません。

それならいっそ、紙の資料は一切配らず、正面のスクリーンに注目してもらいましょう。資料の先を急ぐ人もいないため聞き手のアテンションもコントロールしやすいし、何よりあなたの顔がよく見えます。**表情や声のトーンなどを伝えてこそ、顔を突き合わせて会議をする意味がある**というもの。資料に書かれていない情報を伝えられた者こそが、プレゼンを制すのです。

逆にいえば、そういった「資料に書かれていない情報」がないものを、全員がいる場でプレゼンするのは、はっきりいって時間の無駄です。

プレゼンをする人が「感情」を伝える必要があるもの、新しいタイプの課題で口頭での補足がないと理解が難しいものなどは別として、たとえば定期的な数字の報告などは事前にアジェンダを共有する段階で全員に「目を通してきてください」と伝えておきましょう。

資料に書かれている情報がすべてなら、プレゼンは禁止。事前に全員に共有して、当日はいきなりトップスピードで議論をはじめればいいのです。

「時間」の鉄則：時間は「25分単位」で設定しろ

会議に適切な時間は、ゴールによっても異なります。チームビルディングがゴールなら、1泊2日の研修旅行の形式で行うこともありますし、週次の1on1ミーティングなら、グーグルでは50分取るのが基本です。ただ、いずれにせよ、会議の時間設定は「30分を1単位」で考えましょう。

グーグルでは、ほとんどの会議が25分単位で設定されていました。25分の会議が終われば、5分は移動時間に充てます。50分の会議であれば、移動に加え集中力を取り戻すための休憩時間に充てる……といった具合です。細かなことですが、突発的に数分の延長が生じても次の予定に支障が出ずにすみますし、**小刻みに時間設定をすることで緊張感もより高まり、結果として延長の数自体が減ります。**

日本ではなぜか「とりあえず1時間」という時間設定が多いですが、ゴールから逆算すれば、なんでもかんでも1時間という設定にはまずならないはずです。アジェンダの予想時間が合計40分だったとしたらきっちり40分で終わればいいし、アジェンダが特に集まらない、あるいはプライオリティが低いようだったら、「今週は無しね」と飛ばしてしまってもいい。

ただ、毎回「次の会議を開くかどうか」を考えるのはそれ自体が時間の無駄ですし、もし不必要と判断したとしても「会議は無しにしましょう」と発言するには、ちょっとした勇気が要ります。だから、「前日の午前中までに新規のアジェンダが集まらない場合、あるいはプライオリティがLのもののみの場合は会議無しでメールで共有」などルール化してしまいましょう。こうした**ルールをつくることで、「ゴールがない会議は無駄」という意識も、徐々にチーム内で醸成されていく**はずです。

メンバーがそれぞれどんなタイムスケジュールで動いているのか、リアルタイムで共有することも重要です。僕の会社では、グーグルカレンダーで予定を共有していて、お互いのスケジュールを「勝手に」調整します。たとえば、スタッフとの1 on 1が翌日10時から予定されていたのに突然の顧客対応が発生してしまったときは、顧客対応を優先的に翌日

10時に設定し、1on1はスタッフの予定が空欄になっているところを探して、まずは招待を出します。チャットを一本飛ばすことはありますが、「ご予定はいかがでしょうか、都合のよい日程を以下からお選びください……」などといちいちメールを送ることはありません。そもそも、**作業に必要な時間も予定として登録して共有しておけば、どの時間が都合がよいかは聞くまでもない**からです。

僕は、他のスタッフが僕の予定の優先順位をコミュニケーションなしに把握できるように【A】【B】【C】というプライオリティをカレンダーの予定の頭に付け加えることにしています。Aは絶対に動かせないもの、Bは調整可能、Cはリスケおよびスキップ OKという具合です。優先順位がわかっているから、スタッフが「勝手に」分刻みでスケジュールを調整していけるのです。

無駄なコミュニケーションのための時間はどんどん削って、その分チームビルディングのための雑談など、クリエイティブで意義あることに使っていきましょう。

「まとめ」の鉄則：締切を「次の会議まで」と設定してはいけない

会議は、それ自体が目的ではなく、あくまでアウトプットを前に進めるためのプロセスの一部です。ですから、本当に大切なのは、「会議と会議の間に、メンバーが取るべきアクションがどれだけ明確になっているか」にかかっています。

だからこそ、**会議の最後に「まとめ」の時間をアジェンダとしてセットしておく**ことが重要です。原則として「一度で決める」が会議の鉄則ですが、もし決まらなかったアジェンダが出てしまったときは、第一章でも書いたとおり、必ずわかっていることと、わかっていないことを分けましょう。わかっていないことについては、

「何を調べれば、わかるようになるのか」
「いつになったらわかるのか」
「誰が何をし、どんなものを用意すればいいのか」

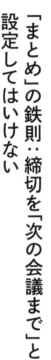

を明確にしてから終わるクセをつけてください。

そして、わかったことについては、次のアクションを確認し、必ず締切を厳密に定めてから終わりましょう。

「次の会議までにやっておいてくださいね」のようなざっくりとしたスケジュール感で会議が終わってしまっては、予想外の事態が起き、次の会議で必要なアウトプットが出せなかった、なんてことも起こりかねません。

対応が後手に回らないよう、長めの資料なら事前に目を通せるように会議の二日前に締切をセットする。どうしても完成が直前になってしまいそうなのであれば、「前日に資料確認が必要だから、時間を空けておいてほしい」と全員にリマインドするなど、**必ず確認とその後のフィードバックの時間を見越して、前倒しで締切をセット**してしまいましょう。

「見直し」の鉄則：
「会議の進め方」自体をアジェンダにしろ

明確なゴールがあってはじまった会議も、適切な「メンテナンス」がなければ、残念ながら常に「会議のための会議」に成り下がってしまう危険性を秘めています。

そのため、僕は**定期的に「会議の進行について検討する」という議題をアジェンダに挙げる**ようにしています。会議の頻度、時間設定、情報共有ツール、コミュニケーションの量……様々な角度から、検討の余地はあります。「もっと時間を短くして、頻度を上げたら？」「もっとチームビルディングに時間を割くべきじゃないのか？」などと仮説を立て、会議の進め方をメタレベルで議論するのです。

人間のやることとは、どうしても形骸化してしまいます。最初は濃密な議論が交わされていた会議も、いつしか毎週集まること自体が目的になってしまう。だからこそ、常に現状を疑い、**会議を形骸化させないようにマネジメントする視点が会議には必要**なのです。

「現状を疑う」という視点から考えれば、会議に参加するメンバーさえも、常にアップデートしていく必要があります。グーグルもモルガン・スタンレーも、パフォーマンスを厳しく問われるからこそ「会議で発言しない人間は、そこにいる意味がない」という暗黙の了解がありました。会議で発言するということは、そこで議論される内容に貢献するということ。つまり、発言しない人は、その仕事に一切貢献していない、「アンダーパフォーマー」の烙印を押されてしまうのです。

だから、発言しないメンバーは、どんどん会議から外してしまいましょう！　……と言うのは簡単ですが、実際そう簡単にはいきませんよね。

「会議からメンバーを外す」というのは、とてもデリケートな行為です。ましてや、自分よりも役職が上の人ならば、自分から言い出すことは、心理的な負担を考えても簡単ではありません。

では、言いにくいことを伝えるとき、何に気をつけておくべきなのか。僕は、「発言が建設的かどうか」が一番大切だと思います。

建設的な発言とは、その人個人の「非難」ではなくチーム全体の「改善」のためになされるもの。そのために、現状を明確にしたうえで、その状況をよりよく改善するための発言なのだということを、相手へ丁寧に伝えていくことが必要です。

たとえば、プロジェクトの会議でAさんがまったく発言しようとしないのなら、「プロジェクトにはAさんの所属する部署を代表してご意見をいただきたいのですが、何か、気がかりなことはありますか？　それとも、プロジェクト自体にあまりご興味がないのでしょうか。もし、お仕事が忙しく、プロジェクトをフォローする時間があまり取れないようでしたら、同じ部署でどなたかご推薦いただけませんか？」など、「あくまでAさんにとってよりよい状況をつくり出したいのです」という前提で問いかけることで、事態を改善することは可能だと思います。

たとえ事実であったとしても「あなたはこの会議には不要です」と伝えれば、その人は改善のための提案ではなく、個人的に「非難」されたと受け止めてしまいかねません。**人の感情を考慮せずに言葉を発するのは、たとえ理屈としては正しくても、未熟なコミュニケーションと言わざるを得ません。**繰り返しになりますが、「感情を切り捨てて仕事をするのはプロだ」という考え方は、僕は古いと思っています。

また、そもそも「会議のメンバーは固定すべき」という考え方自体も、古くなってきています。会議のメンバーはあくまでもアウトプット重視。「全員で決めた」という形をつくるためだけに、発言がなくても困らないメンバーを参加させてはいけません。会議のゴールを毎回逆算できていれば、アウトプットに必要なメンバーは毎回変わるはず。必要な人数だけを、最低限呼べば十分です。

さて、メンバーの見直しも大切ですが、ときには会議の存続そのものを見直した方がいいこともあります。

もし会議のあり方を議論した結果、過去は必要だったけれど、いまは必要性が薄れていると判断されるならば、思い切ってやめてみましょう。

やめるという決断はなかなか難しいものです。とくに日本の企業は「やめること」＝「ネガティブなこと」とみなしがちで、ついついムダな会議をいつまでも続けてしまっていたりします。そんなときオススメなのが、「正式に」ではなく**「とりあえず」やめてみ**

ること。至急のアジェンダがなければ、「とりあえず」一度ストップしてみる。「問題が発生したらいつでも再スタートしましょう」という前提でやめてみれば、多くの場合、問題は発生しません。

少しでも必要性に疑問を感じたら、一旦スキップしてみる。二週続いてスキップが続けば、その会議はおそらくやめてしまって問題ないでしょう。

しかし、なかには**アジェンダが明確でなくても「やめてはいけない会議」があります。それは、未来に向けて新しいものを生み出す創造的な会議**です。

僕は自分が経営するプロノイア・グループのメンバーと定期的に「プロノイアーズ」という会議を、二週間に一度ほど、二〜三時間設けています。その会議では、日々の業務で発生するオペレーショナルなアジェンダは扱いません。

これからのプロノイア・グループをどうしていくか、どんなところにまだ見つけていないビジネスのチャンスがあるか、自由な発想で議論を交わす機会を確保しているのです。

日々のオペレーションに追われると、このような答えが出るかわからない不確実性の高い会議は、ついつい後回しにされがちです。でも、これだけ変化の早い時代だからこそ、

新しいものを生み出すための時間を、むしろルーティーン化してつくらないといけないのではないでしょうか。不思議なことに、会議で「忙しい、忙しい」と言っている会社ほど、実はそういった未来志向の会議をおろそかにしている傾向にあるのです。

プロノイアーズでは、もうひとつ変わった仕組みを導入しています。あえて、アジェンダを「決めない」のです。

チェックインのときに、「私、今日はこんなことを話したいです！」とメンバーが発表し、その意気込みや可能性によって、その場で当日のアジェンダの順番を決めます。新しいものを生み出すことがゴールなら、会議のアジェンダの決め方ひとつから、エネルギー溢れるものにしていかないといけませんからね。

「会議は面倒だ」「予定調和で退屈だ」と考えている人は多いでしょう。けれども、今一度考えてみてください。「予定調和で面倒な会議」を作り出しているのは、いったい誰なのでしょう？　会議がつまらないのなら、そんな会議を刺激的で生産的なものにするために、あなたに何ができるのか。

この章の内容をベースに、あなた自身が、ぜひ声を上げてみてください。そして、声を上げやすくするためにも「会議の進行について検討する」をぜひ定期的にアジェンダへ加えてみましょう。

第3章

「ファシリテーション」の鉄則

感情レベルの葛藤を減らし、アイデアレベルの葛藤を増やせ

The facilitation

第2章では、進行のルールについてみなさんにお伝えしました。しかし、これらのルールを理屈どおりに実行したとしても、それだけですぐに理想の会議にはならないでしょう。ルールは、いわば会議という舞台を支える「骨組み」にすぎません。舞台が整えられたなら、次はその舞台で交わされるコミュニケーションをマネジメントしなければなりません。そのために必要なのが、ファシリテーションというスキルなのです。「ルール」と「ファシリテーション」。この両輪のどちらかが欠けても、会議はうまく機能しないのです。

ファシリテーションこそ「AI時代の必須スキル」だ

グーグルでは全社員向けに個別にファシリテーションについて社員研修が提供されています。研修を受けることは義務ではありませんが、とくに転職してきた人など、みなさん、自主的にどんどん受けに行きます。グーグルのスピード感のある会議に参加すると、ファシリテーションスキルがなければその場に貢献できないと、肌で実感するからです。グーグルでは基本的にファシリテーターは持ち回りで交代しますから、「自分はいいや」と投げ出すことが許されない環境にあります。

一方、日本企業ではどうでしょうか。マネジャーがファシリテーターを兼務したり、そもそも特にファシリテーターを決めていなかったりと、必ずしも重要視されていないのが現状でしょう。「会社でファシリテーションについて研修を受けた」という人には、残念ながらあまり出会ったことがありません。

僕はファシリテーションこそ、これからのビジネスパーソンの必須スキルだと思います。なぜなら、ファシリテーションとは、集合知を生み出す、極めて知的で高度な技術だからです。

それぞれの思惑をもった多様なメンバーがぶつけあった意見をもとに、確実にひとつの結論へと導く。意見を出し合うなかで、ときに感情レベルの葛藤が生まれても、その葛藤を避けるのではなく、むしろ積極的に意見を引き出し、それらをアイデアレベルの葛藤へと昇華させていく。この作業は、機械にはできません。**ファシリテーションを身につけることは、AIに代替されない人材になるための、いちばん確実な近道**なのです。

それに、これから社会の変化はますます加速し、人材も流動化していきます。その中で、たとえば、大企業に勤める人が社外のベンチャーを巻き込んで新規事業を立案する、あるいはプロジェクトチームに外部のデザイナーやエディターを入れるなど、「今までなかったもの」を「一緒に働いたことのないタイプの人」とつくりあげるシーンもどんどん増えていくでしょう。そうして、メンバーが多様になればなるほど、ファシリテーションの必要性も高まっていきます。環境が変化していく時代に、いつものメンバーとでしかパフォーマンスが発揮できないのでは話になりません。働き方改革を進めるのであれば、ファシリテーションのスキルはもっと重要視されてもいいのではないでしょうか。

では、ファシリテーションの重要性はこのあたりにしておいて、そもそも「ファシリテーション」とは何なのか、ファシリテーターはどのような役割を果たすべきなのか、あらためて考えてみましょう。

一般的にファシリテーションとは「グループによる活動が円滑に行われるための支援」のような意味で使われることが多いのですが、僕は、**「アウトプットを出すプロセスを前へ進めること」**といつも説明しています。**ファシリテーターは、そのプロセスを推進する人**です。

ファシリテーターは単に会議中の「議論の整理役」と考えられがちですが、会議が何らかの「アウトプット」を出すことを目的とする以上、それに近づけようとするプロセスは、すべてファシリテーションにあたります。ですから、厳密に言えば、ファシリテーションの力が問われるのは、会議の場にとどまりません。事前にアジェンダを用意したり、参加者に何らかのインプットやアウトプットを求めたりすることもファシリテーションの一環です。

「なんてファシリテーターって大変なの！」と思う方もいるでしょうね。でも、安心してください！ ファシリテーターに必要なスキルは、学習と実践によって誰でも習得することができます。その方法を、この章では順を追ってお伝えしていきましょう。

優秀な人が会議前に密かにする「声かけ」とは

アジェンダで時間配分を設定していても、意思決定に想像以上に時間を取られ、会議が長引いてしまうことはよくあります。この場合、会議の場でファシリテーターが議論をうまくコントロールできなかった、タイムキーパーが機能しなかった、ということが理由として考えられますが、根本的な原因は「事前の準備不足」にあります。何もないまっさらな状態でメンバーを集めてしまえば、どんな会議でも、検討内容を理解することだけに時間を取られ、「結論は先送り」となってしまうのは無理もありません。

どんな会議においても、そこに参加するメンバーは頭と心の準備をしておく必要があり、そしてファシリテーターには、「アウトプットを出すためのプロセスを前へ進める人」として、その準備を促す責任があります。

具体的には、アジェンダ共有や日程確認の際、資料を熟読してもらうこと、検討課題について考えてきてもらうこと、自分の意見を用意しておくことなど、ゴールから何が必要になるかを逆算し、事前にリマインドしておきましょう。**ファシリテーションは、会議の前からすでにはじまっている**のです。

アジェンダが期日までに出てこない、資料が完成しない……そんなとき、思わず「あの人がやってくれないんです」と愚痴のひとつも言いたくなる気持ちは、よくわかります。けれども、それはあまり建設的な発言ではありません。厳しいようですが、準備すべきものを準備させるのは、あくまでもファシリテーターである自分の「仕事の一部」なのだ、と責任の所在を明確にしてください。

とはいっても、毎回「そろそろリマインドしようかな、いやもうちょっと待ってみようか……」と気を遣うのは、やはりくたびれてしまうもの。リマインドについては、どのタイミングで促すかをチームで決めて、仕組み化してしまうのがいいと思います。

また、そもそもアジェンダの優先順位付けに悩むような会議であれば、**「アジェンダ設計は適切か」を確かめるだけに「5分間プレ・ミーティング」を行う**こともときに必要でしょう。

メンバーが挙げてくる議題のプライオリティが、どうも会議のオーナーの目線から見たプライオリティとずれているように感じる。そんなとき、僕は迷わずオーナーに「すみません、5分だけください」と声をかけにいきます。

「このアジェンダについてはもう少し時間を取ったほうがいいですよね」

「その分、ここのブレストは事前に全員最低一案を考えてきてもらうよう準備を促しましょう」

というように、ファシリテーターと会議のオーナーとの間で、アジェンダの時間配分やプライオリティが適当か、あらかじめ会議の内容を確認しておくのです。

忙しい上司だからといって、遠慮することはありません。たった5分のプレ・ミーティングで「結論の先送り」がひとつ減れば、もう一度集まる予定の調整コストがなくなり、競合より早くビジネスチャンスを獲得し……と、会議どころか会社全体の生産性を引き上げてくれることだって十分ありえます。逆に言えば、それだけファシリテーターのパフォーマンスが、チーム全体のパフォーマンスに直結してしまうのです。

冒頭に「前提」を設計し、恐れを摘み取れ

ファシリテーションというと、メンバーの意見を引き出したり、まとめたりするプロセスが注目されがちですが、実はその前のプロセス**「前提の設計」**がとても重要です。

「前提の設計」がない会議でよく見られるのは、感情レベルの葛藤が生じるのを恐れ、メンバーが口をつぐんで、やみくもに時間だけを浪費してしまうこと。

たとえば、営業は開発に物申したいことがあるが、開発は開発で、営業に対して日頃から不満を持っている。しかし、どちらも自分が矢面に立つのは嫌なので、発言がなんとも煮え切らない。あるいは「競合の安売りにシェアを奪われてしまいました」などと、論点をすり替えてしまう。ファシリテーターも、それをわかっていながら「言いたいことがあるならはっきり言ったらどうでしょうか」などとはとても言えない。結局、本質からズレ

た議論が行われ、結論もまたズレてしまう……。

相手の感情を慮るのは、自分の意見よりも「相手がどう思うか」から伝え方を考える日本人らしいコミュニケーションのあり方で、その細やかさは、私もとても尊敬しています（アメリカ人は、相手がどう思うかよりも、今自分が何を言うべきかを優先して譲らないことが多いので、たまに疲れてしまうこともあります）。

しかし、会議について言えば、そうした日本人の細やかさが結果的に生産性を下げてしまっている面もあります。

結局、みんなが恐れているのは自分の発言が感情レベルの葛藤を引き起こすこと。であれば、**ファシリテーターはその恐れを、前提を明確にすることで事前に取り除いてあげればいい**のです。たとえば、

「今日は時間がないんですが、この件は必ず結論を出さないといけませんね。ひょっとすると意見がぶつかることもあるかもしれませんが、〝attack the problem, not the person（人

を責めずに、課題に立ち向かう）〟の精神でいきましょう！」

「論点を会議のできるだけ早い段階ではっきりさせたいので、序盤からどんどん思っていることをテーブルの上に並べていきましょう。大丈夫、会議室を出たら仲直りですよ」

などと、多少のユーモアを交えつつ、伝えてみるだけで、不安はたちまち解消されます。


日本の会議でたまに見られるのが、改善すべき点を認識しているのに「なんだ、やる気がないのか」「代案もないのに発言するな」と言われるのを恐れて、現場の人が情報を握りつぶしてしまうこと。そんなときは、僕なら「いつも現場の方のがんばりのお陰で、この会社はうまくいっています。みなさんは誰よりも改善点について知っていると思うので、今日のこの場ではなんでも言ってください。どうしたらいいかは、一緒に考えていきましょう。どんな『愚痴』も大歓迎ですよ！」と、一言添えてから会議を始めます。**どんなときも発言は建設的に、がファシリテーターの基本の心構え**です。

議論にランダムさを取り入れ、緊張感を生み出せ

さて、前提が設計できたらいよいよ議論に移るわけですが、ここでようやくファシリテーターのもっとも基本的な役割「意見を引き出すこと」と「意見をまとめること」が必要となります。まず「引き出す」ステップから、順に見ていきましょう。

実際にファシリテーターを経験された方はおわかりかと思いますが、会議の場でスムーズに全員の意見を引き出すのはそう簡単ではありません。いざ意見を募ろうとしたとたん、チェックインのときは和やかに話していたメンバーが目を合わせてくれなくなったりするのはよくあること。だからこそ、わざわざ「引き出し役」のファシリテーターが存在するのです。

重苦しい雰囲気では、なかなか建設的な意見は出てきません。でも、誰も発言しないからといって、苦し紛れに「時計回りに」「まずは部長から」なんてお決まりのやり方で指名していては、思考パターンも固定化してしまいます。そんなときは、

「今日は、髪の長い順で話してもらいましょう」

「グレーのものを身につけている人からお願いします」

など、ちょっとくだけた感じで指名していくのはいかがでしょうか？　ふざけているのではありませんよ。くだけた雰囲気を作り出すことだって、心理的安全性を高めるためのファシリテーションのひとつなのです。

もちろん「新しいマーケットに参入するかどうか」のような会社の将来を決定づけるようなシリアスなアジェンダではそこまでくだけるべきではありませんが、いずれにせよ、僕はいつも**「指名にランダムさを取り入れること」**を大切にしています。

「誰から発言するのか、事前にはわからない」状況を作り出すことで、メンバーがいつ指名されてもいいように、真剣に考えておくように仕向けるのです（指名してすぐに答えが出ないようなら「パス」してもＯＫ、と事前に逃げ道を作っておくのも、より気軽に会議を運営するためのテクニックとしてオススメです）。

また、イエスともノーともとれる曖昧な意見ばかり出て来てしまい会議が進まない場合は、あえて「制限をかける」ことで明快な答えを引き出すのも有効です。とある案に対して**「賛成」か「反対」の二択で答えてもらい、その理由を述べてもらう**のです。これも「前提の設計」のひとつですね。

質問は常に「状況をより明確にするもの」を投げろ

会議にとってもっとも無駄なもの、それは言うまでもなく「沈黙」です。ファシリテーターは、沈黙を打ち破る質問をいつも頭の中に用意しておく必要があります。

たとえば、とても優れたA案があって、プランについて話し合っているときは、みんなとてもイキイキしていたのに、いざ実行に移す具体案を出そうとすると、なんとなく空気が重たくなり発言が減ってしまう。そこには「実際やるとなったら、難しい調整が多そうだ」「もう十分忙しいから、余計な仕事をこれ以上増やしたくない」という参加者の思惑が透けて見えてきますね。このように、結論に近づくにつれて、会議の場はそれぞれの思惑や、実現可能性の低さから沈黙が生まれがちになります。

ここで一緒になって黙ってしまってはいけません。沈黙を質問によって打ち破れるのが、優れたファシリテーターです。

難しいことをする必要はありません。ファシリテーターが質問の際に意識しておくのはたった一点だけ。**「状況をより明確にすること」**です。

もしメンバーが「いまのプランは実行可能性が低そうだ」と思っているようなら、

「何があれば、これらが実行できそうですか？」

仕事量が増えることがボトルネックになっていそうだったら、

「どういうスキルを持った人から、何人くらいの助けがあればプロジェクトは走り出せそうですか？」

など、常に沈黙の原因を明確にし、その解決に必要な要素も具体的にしていきましょう。

ファシリテーターは、自分で課題を解決しないといけないわけではありません。課題解決を促すような建設的な質問を、場に投げかけるだけでいいのです。

複雑なアジェンダは事前に情報収集せよ

ファシリテーションにおいてもっとも難しいのは、時間通りに参加者全員が納得のいく意思決定を導くこと。ある課題に対して発言を募り、

「私はこう思う」

「僕はこう考えているけど……」

「少し視点を変えてみたほうがいいんじゃないかな」

などと意見を表明しているうちに、10分の予定があっという間に30分、1時間もかかってしまい、選択肢をまとめているうちに時間切れ……というのはよく見られる光景です。

会議が「決まらない」原因は、ほとんどの場合「選択肢の洗い出し」に膨大な時間をかけてしまっていることにあります。

ファシリテーターの役割は、一つひとつの意見を流さず、きちんとストックしていくこ

と。「選択肢」を並べ、それぞれに想定される「メリット」と「デメリット」を書き出していきましょう（ノートテイカーが他にいる場合は、促しましょう）。それだけで「論点がどこにあるのかわからない発言」はぐんと減らせます。

もし、アジェンダがより複雑で、ディスカッションの時間内に収まりそうにない、かといって延期も難しいという状況であれば、**会議の前にあらかじめキーマンに意見を聞いた上で、A案、B案、C案を用意し、メリットやデメリットもわかる範囲で整理しておく**のが理想的です。

「事前にヒアリングしたところ、A案、B案、C案があり、それぞれこのようなメリット・デメリットが挙がっています。○○さん、これ以外に何かありますか？」と議論をスタートすれば、重複する意見は出ず、論点もよりクリアになります。アウトプットだけでなく会議の流れまでイメージし、先回りして動けるようになったら、あなたも一流のファシリテーターです。

紙コップに水を入れ、わざとこぼせ

さて、「引き出す」「まとめる」に加えてもうひとつ、ファシリテーターは「場の空気を作り出す」という大きな仕事も担っています。

会議を司会進行し、ある種コントロールする立場にあるファシリテーターは、ともすれば支配的な振る舞いをすることも可能です。けれども、ファシリテーターを務めるマネジャーが、「どうして売上が上がらないんだ？　何がボトルネックになっているのか、さっさと答えて！」というような態度では、心理的安全性は、一瞬で失われてしまいます。到底、意味のある答えが出てくるとは思えません。

会議という限られた空間と時間を使って、その枠組みの中でアウトプットを出すためには、「一人ひとりが最大限にパフォーマンスを発揮できるような状態」を作り出すことが必要です。それは、心理学者のミハイ・チクセントミハイが提唱した「フロー（flow）」に近いもの。適度に集中力とリラックスのバランスが取れていないと冷静に物事を考えられなくなることは、学術的にも明らかになっています。**しかめつらで支配的な雰囲気をつくり出してしまう人は、どれだけ役職が高かったとしても、ファシリテーターとしては失格**です。僕がユーモアを重んじるのも、リラックス状態をつくり、緊張感をコントロールするという明確な目的があるからです。

ファシリテーターには空気をつくるスキルだけでなく、ときにはあえて「空気を壊す」勇気も必要です。僕はたまに、「今日は感情レベルの葛藤が生まれてしまいそうだな」と予想されるときには、さりげなく紙コップに水を入れておくことがあります。そして、会議の途中で議論がヒートアップして口論になりそうになったら、いがみあっている二人に向けて、わざとコップを倒すのです。

するとさっきまで興奮状態にあった二人が、「ティッシュを取ってきましょうか」「いえ、大丈夫です。そちらはかかってませんかね」と落ち着きを取り戻し、自然と冷静になっていきます。

そこまでするのはちょっと極端かもしれませんが、空気をつくるのもファシリテーターの仕事という意識があれば、「ちょっとみなさん深呼吸してみましょうか」「光、まぶしいですかね。ちょっとブラインド下げてみましょうか」と適切なタイミングで呼びかけたり、「いやあ、なんだかこのままほんとにケンカになっちゃいそうですね!」とユーモア混じりに言ってみて、「空気を壊し」てみるのはいかがでしょうか。

それでも決まらない会議のためのトラブルシューティング

ここまで、ファシリテーションのテクニックを解説してきました。けれど、会議は生き物です。予想もつかない発言やトラブルで思ったように進行しないことなんてしょっちゅうあります。みなさんが目指すアウトプットをきちんと導けるよう、様々なシーンを想定していくつかトラブルシューティングをしておきましょう。

トラブル①：「結論を今出すべきかどうか」でモメる

「もっと慎重に検討しないと。結論を出すのは時期尚早じゃないか」

「いや、まずはやってみて結果を見てみないと何もわかりませんよ！」

「じゃあきみは失敗したときの責任がとれるのか！」

こうしたやりとりは、どの会議でもよく見られるものです。

結論に至らないパターンはいくつかありますが、これはその中でも、選択肢のうち「どの結論を選ぶか」ではなく、そもそも「今すぐ結論を出すべき課題かどうか」で対立が生まれてしまっている場面です。こんなときは、扱っている課題のタイプをファシリテーターが正しく分類し、整理する必要があります。そこで役に立つのが、課題解決のためのフレームワークのひとつ、**「Cynefin framework（カネヴィン・フレームワーク）」**です。

「カネヴィン・フレームワーク」とは、2008年にハーバード・ビジネス・レビューに発表された比較的新しいフレームワークで、直面する状況を分類し、適切な意思決定とリーダーシップを発揮するための指針となるものです。

カテゴリーは次のように分類されます（図1）。これらのカテゴリーの中のどこに、会議で話し合う議題は分類されるのか。それに応じて、とるべき対応もまた分類可能です（図2）。

実際に会議の場で使うのに、フレームワークの説明を一から始めるのが大変であれば、

図1　問題の種類と特徴

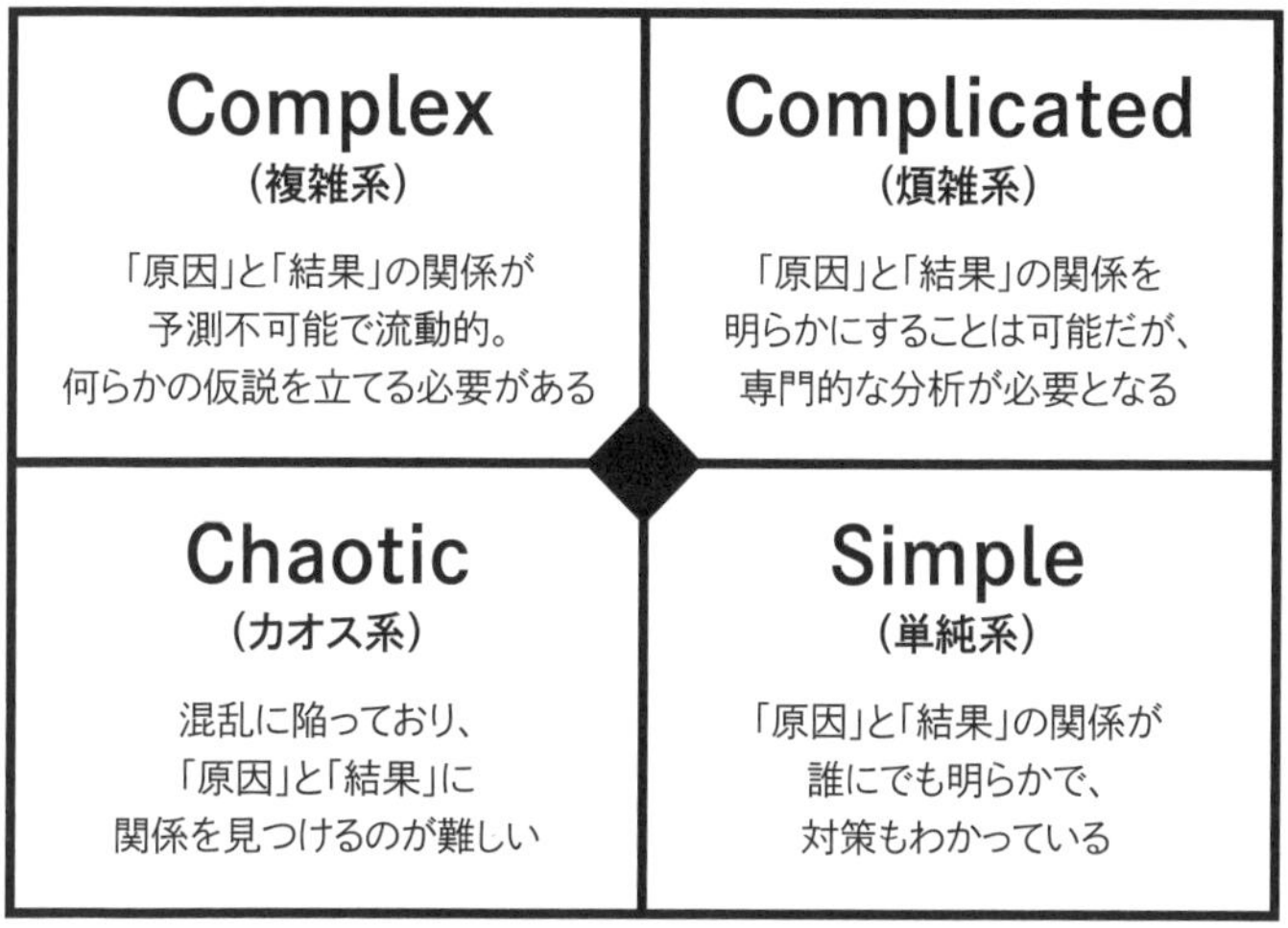
Complex
（複雑系）
「原因」と「結果」の関係が
予測不可能で流動的。
何らかの仮説を立てる必要がある
Complicated
（煩雑系）
「原因」と「結果」の関係を
明らかにすることは可能だが、
専門的な分析が必要となる
Chaotic
（カオス系）
混乱に陥っており、
「原因」と「結果」に
関係を見つけるのが難しい
Simple
（単純系）
「原因」と「結果」の関係が
誰にでも明らかで、
対策もわかっている

図2　それぞれの対処方法

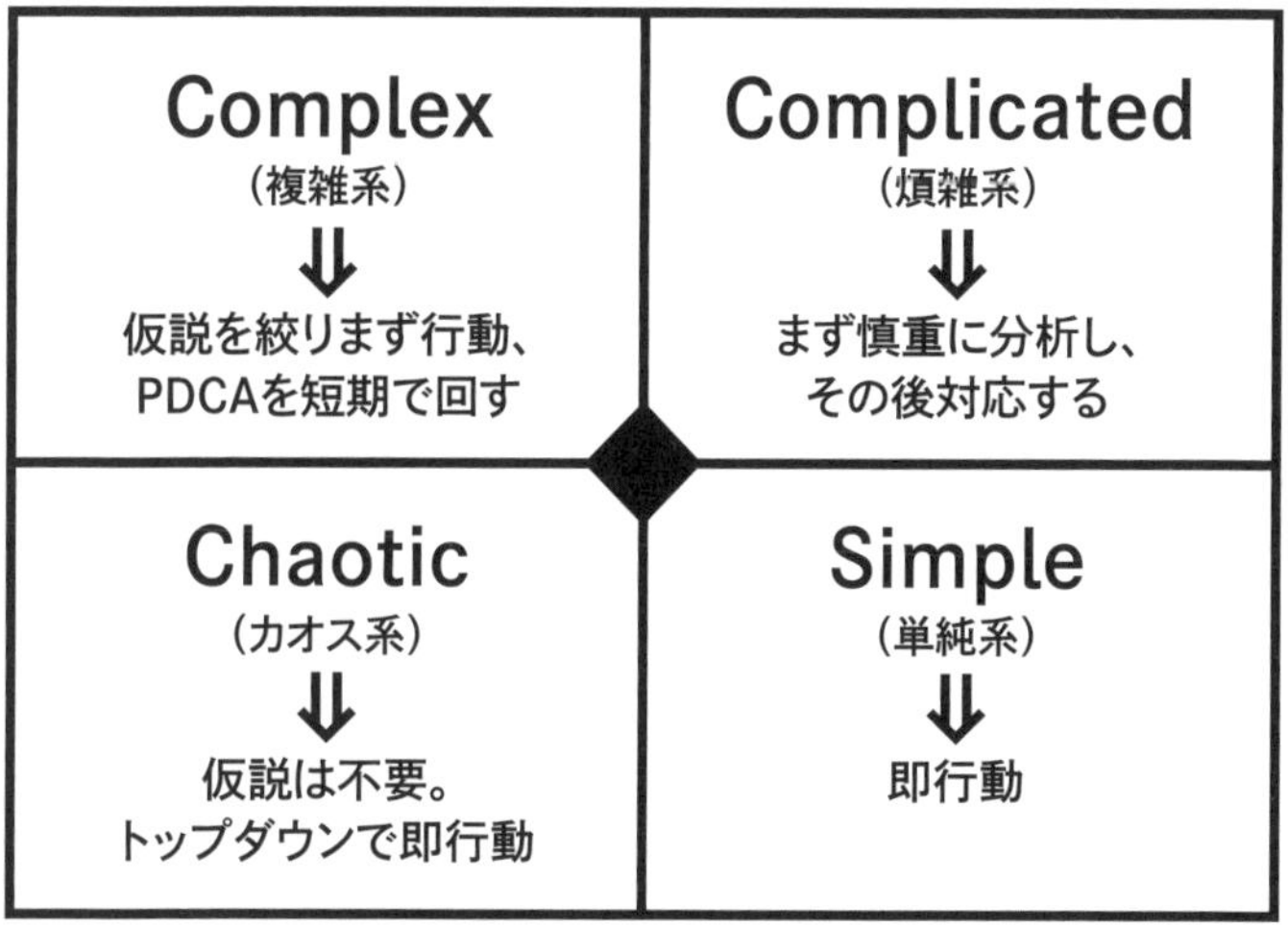
Complex
（複雑系）
⇓
仮説を絞りまず行動、
PDCAを短期で回す
Complicated
（煩雑系）
⇓
まず慎重に分析し、
その後対応する
Chaotic
（カオス系）
⇓
仮説は不要。
トップダウンで即行動
Simple
（単純系）
⇓
即行動

「この問題は検討に時間をかけるべきでしょうか、それともすぐさま行動に移してフィードバックが必要な問題でしょうか?」などの質問のみ投げかけて、「結論の出し方」の方向性をまずセットしてみましょう。

試しに、いくつか実際に議題に挙がりそうなものを分類してみましょう。

- Simple（単純系）……オフィスの光熱費が上がっている
- Complicated（煩雑系）……主力商品の売上が落ちている
- Complex（複雑系）……既存顧客以外にも訴求するような新商品を開発する
- Chaotic（カオス系）……急な災害で支店機能に支障を来している

単純系の課題は、「空調の設定温度を1℃調整する」ことで解決しそうですから、会議で情報共有を行うか、単純にメールなどで伝達するだけでいいかもしれません。

煩雑系の「主力商品の売上が落ちている」という課題は、マーケティングやモニター調査など様々なデータを集め、分析してみる必要がありそうです。そして分析の結果から仮説を会議でいくつか提案し、その中からより最適なものを見出します。

複雑系の「既存顧客以外にも訴求するような新商品を開発する」という課題の場合、既存のデータや調査では見通しがつきません。検討しても結果が読みづらい場合、機能するのがプロトタイピングです。今までになかったものを作るためには、土台となるプロトタイプが必要となります。イメージを共有することで、どういうものが適しているのか、どんな機能が必要なのか、アイデアを探索しながら、小さな選択を繰り返していく。そうやって目指すべきゴールへと導きます。

「急な災害で支店機能に支障を来している」というのはまさにカオス。目の前の対処すべきことに策を講じながら、根本的な課題解決を行うために何が必要なのか、ときにはトップダウンでスピーディに意思決定しながら、行動していく必要があります。こんなときは、民主的にみんなの意見を聞いている暇はありません。

問題の性質によって、「トップダウンかボトムアップか」「即行動かまず分析か」など取るべき対応が変わってくるということを、ここでは認識しておいてください。

これまで、日本企業や行政、団体が取り組んできたのは「煩雑系」の課題解決が中心でした。調査や分析を綿密に行えば、ある程度の対策を立てられ、ノウハウを蓄積することで持続的な成長へつなげられました。けれども、今僕たちが直面しているもので増えているのは、「複雑系」にあたる課題領域です。見通しを立てても、市場の状況が刻々と移り変わる中では、綿密に分析する時間すらもったいない。学ぶべきは過去ではなく、今、そして未来なのです。

仮説を立ててはプロトタイプを作り、小さな判断や決定を繰り返しながら、プロセスを前に進めていきましょう。**日本企業ではとくにこの「煩雑系」と「複雑系」の取り違えが起こりがち**なので、ファシリテーターとなったときには、気をつけてみてください。

トラブル②：議論が蒸し返される

会議を行っていると、何人かの典型的な「困った人」に遭遇することがあります。

たとえば、「話を蒸し返す人」。いったん決まった結論を、「さっきのアレなんだけどさ、やっぱりもうちょっとデータ集めたほうがいいんじゃないかな？」「もう少し検討したほうがいいのでは？」などと、消極的な意見で水を差してしまう人です。慎重に考えているように見えて、自分のせいで失敗したくないだけなのです。

そんな人には、慎重かつ巧妙に合意形成をしていきましょう。

「水平思考」を提唱したことでも知られる**エドワード・デ・ボノ氏による〝Six thinking hats〟（６つの帽子思考法）**というメソッドがあります。１９８５年に考案された古典的な方法ですが、今でも十分活用できるシンプルな方法です。

「６つの帽子思考法」というのは、物事を考える際、参加者全員がある視点を揃えて考えるためのメソッドで、比喩的に「６色の帽子」が用いられます。６色の帽子にはそれぞれ異なる特徴があり、そのうちひとつを（心の中で）かぶっている時は、それ以外の考え方をしてはいけません。帽子の特徴は、次の通りになります。

- **白色……客観的な事実とデータ（情報）に基づいて考える**
- **赤色……感情的な視点から考える**
- **黒色……批判的に弱点を考える**
- **黄色……楽観的かつ肯定的に考える**

・緑色……創造的に新たな視点から考える
・青色……考えのプロセスを構成し、調整的に考える

この方法を応用してみると、議題ごとに細かく合意形成を取りながら、議論を進めることができます。たとえば、「新規プロダクトのプロトタイプを考える」というゴールが設定されているブレストなら、

（1）今日のブレストの進め方の全体像を共有する（青色）↓
（2）市場の環境や、競合の状況、自社の制約条件を考える（白色）↓
（3）プロダクトについて、制約条件を取り払ってクリエイティブに考えてみる（緑色）↓
（4）3で挙がったプロトタイプ案について、デメリットや想定されるリスクを列挙する（黒色）↓
（5）反対に、メリットや成功した時のポテンシャルを考えてみる（黄色）↓
（6）プロトタイプ案について、感情レベルで「好き」か「嫌い」かを議論する（赤色）↓
（7）4、5、6を俯瞰し、足りない情報を考える（青色）↓

この時、プロセスをさかのぼったり、一人だけ違う色の帽子をかぶって考えたりすることは、「会議の進行を妨げること」とみなされます。「今、何について、どんなふうに考えるべきなのか」ファシリテーターから明確に指示することで、自分たちが今、どの思考のプロセスにいるのか、認識することができます。話があちらこちらに行ったり、巻き戻ってしまったりすることを防ぎ、確かめながら一つひとつ丁寧に合意形成を行うことになるのです。

カネヴィン同様、「6色の帽子」も一からフレームワークを説明したり、形式通りに「今から●●の帽子をかぶりましょう！」と呼びかける必要はありません。「今は、メリットについての視点から意見をください。デメリットはその後にゆっくりと検証しましょう」などのように、**「今がどのフェーズにあるか」「次はどのフェーズに移っていくのか」の見取り図を示し、流れの整理に活用**してもらえれば十分です。

トラブル③：論点がズレる

「論点をずらす人」も同様にコントロールすることができます。

よくいるのが、たとえば下半期の営業戦略について話す場で、「そもそも営業不振なのは、ブランディングの方向性が間違っているのでは？」「商品的にまだ消費者のニーズを捉えきれていないところがある。商品開発に検討の余地があるのではないか」などアジェンダとまったく離れた範囲の発言をし、議論を混乱させる人です。

会議のアジェンダは事前に決まっています。少なくともその人がブランディングや商品開発について話したいと思っているのなら、事前にアジェンダに書き加えておくべきです。それにもかかわらず、アジェンダにないようなことを話し始めたら、「ありがとうございます。ブランディングの話なら、マーケティングの担当者を呼ぶ必要があると思いますが、次回の会議で設定しますか？」とこちらもあくまで建設的に聞いてみましょう。**単なる「言い訳」レベルの発言なのか、それとも本当に議論をしたいのか、発言者の真意がわかるはずです。**

会議の参加者レベルで、今解決できることなのか、しばらく時間が必要なのか、他部署や経営陣の協力がないと解決できないことなのか……わかっていることとわかっていないことを丁寧に切り分けながら、アウトプットを出すまでのプロセスを構築していくことで、参加者の立ち位置ややるべきことを明確にしていくのです。

もうひとつ大事なのは、もしも発言者の指摘が真っ当で、この場で解決できないことが明確になったときは、さっさと会議を終えること。

「今日はここで終わりにしよう。●●さんに他部署から協力を仰げるかのヒアリングと状況の整理をお願いするので、2日後にもう一回会いましょう」

と次のアクションだけを決めて、いつまでもダラダラと続けないことが大切です。ダラダラと論点の定まらない会話を続ける「時間泥棒」になってはいけません。

トラブル④：言われたことをやってこない

ビジネスパーソンとして恥ずかしいのですが、たまにいるのが「なかなか準備してきてくれない」「やると言ったことをやってきてくれない」人。アジェンダや議事録に、責任の所在を明確にしても「忙しい」を理由にやってくれないこともあります。それでも「あのひとが全部悪い！」と非難したり、あきらめたりすることは建設的な態度ではありません。

そんなときは「先日、入力をお願いしていたアンケート、ご面倒でしたか？　もし面倒なら、もっと項目を減らしたほうがいいですか？」「お願いした資料のためにオススメのテンプレートを用意したんですけど、いかがですか？　もっとよさそうなテンプレートがあれば、教えていただけるとうれしいです」などと、あくまで改善をゴールとして建設的に「準備できない理由」を根気強く問いかけ、明らかにしていきましょう。

会議の最後のまとめで、次回までに誰がどんな準備をするのか、確認するだけでなく「返事」までしっかりしてもらうことも有効です。全員の前で「はい」と一言返してもらい**「みんなの前で言った」という認識をその人にもってもらうだけでも、なんとなくやってこないケースはぐっと減ります**（逆に事前に言われたことをやってこないメンバーが多い会議は、まとめがおろそかで、誰がやるかを明確にする作業を避けがちです）。

人は「自分が期待されている」と実感できれば、動いてくれるものです。頭ごなしに命令するのではなく、「この作業は●●さんがいちばん得意なので、お願いしますね」と期待を込めて依頼すれば、きっとその会議に貢献してくれるはずです。会議に参加している以上、そこにいるのは何らかのアウトプットを出すために必要不可欠な人物であるはずですから。

ちなみにグーグルでは、会議へ遅れ気味に入ってきたと思えば、「えっと……今日の会議って、何話すんだったっけ？」というようなマネジャーは、メンバーから「無能」扱いされます。日本では偉い人に対しメンバーがプレゼンをするところから始める光景をよく見かけますが、グーグルではすでに必要な資料には目を通してきていることが前提。いきなりトップスピードで議論に入れます。

トラブル⑤：意見が最後まで割れる

意見も引き出せた。丁寧に合意形成を積み上げ、選択肢も整理できた。でも、どの案にもメリット・デメリットが同じ程度あって、どうしても最終的な意思決定ができない……

こんなタフなシーンも、会議にはつきものです。こんなとき、「引き続き検討しましょう」「もう一度よく考えてみましょう」と問題を先送りするのは最悪の手段。

結局、最終的には「オーナーが決める」以外に選択肢はありません。「プロジェクトやチームにとって最善のアウトプットを生み出すこと」が会議の目的ですから、それを果たすのは、会議を設定したオーナーの責任です。

どんなに理想論を語っても、会議に「全会一致」はありえません。いや、思い切って言ってしまえば、**全会一致を追い求めるのは、時間の無駄**ですらあるのです。僕がいままで働いてきた職場には、**〝Disagree, but commit（賛成せずともコミットする）〟**という暗黙のルールがありました。意見に賛同していようがいまいが、チームでひとたび結論が決まれば、メンバー全員でそれを達成するために最大限のパフォーマンスを発揮するのです。

チームで働いていれば、メンバー同士で意見が食い違うことはしばしば。いや、全員が完全に同じ意見になることなど、めったにありません。それでも、ひとたび会議に参加し、意思決定に関わり、その内容を承服したのであれば、そこにはコミットメントが生じます。

コミットメントは日本語にしづらいのですが、「やると決めたことはやりきる」が、いちばん近いかもしれません。

会議に参加した、ということは自分の意見を発言する機会をもらったということ。だからこそ、**議論を尽くしたあとは、たとえ個人的には賛成できなかったとしても、成功につながるように全力を傾ける**のが、参加者一人ひとりに課せられた使命です。

一方、日本の企業でたびたび聞かれるのが、「おれはあの決定、どうかと思うんだよね」というセリフ。しかも、そのセリフが聞こえるのは、たいてい会議室の外です。先ほどまでは会議室でシーンとしてまったく発言せず、「みなさん、この結論でいいですね」と確認されたときは「はい」とはっきり言っていたのに……。

最終的には、何かと言い訳を見つけて決まった仕事をやらなかったり、あるいはやっつけ仕事のようにいい加減にこなしたり。こういうふるまいは、小さなことに思えるかもしれませんが、いずれは会社をつぶします。

大げさに聞こえるかもしれませんが、**会議の場で決まったことを否定するということは、会議の場にいたメンバーを否定し、メンバーが所属するチームを否定し、そして何より「私はプロフェッショナルではない」と示す点で、自分自身も否定する行為**です。

ありもしない全会一致を追い求めるよりも「決まったことにはコミットしてくれ。そのかわりあなたが賛成する必要はない」という態度の方がはるかに現実的で、しかもプロフェッショナルだと思いませんか？

会議に、全会一致は必要ありません。ですから、コミットメントをきちんとしてもらえるよう、**「言いたいことは言った」とメンバーが思えるまで意見を引き出すところまでが、ファシリテーターの役割**です。最終判断がつかなかった段階で、オーナーの判断を仰ぎ、メンバーはその意思決定に従います。

僕は、トップダウンで決定を押し付けるのはあまり好きではないため、自分の会社ではいつもメンバーに自由に議論してもらい、彼らの決定をできるかぎり尊重します。でも、議論が噛み合わず、なかなか決まらなそうなときは「お客さんに伝えないといけないので、このまま決まらなければ僕が決めて、提案書も自分でつくってしまいますね」と会議の途中で宣言してしまいます。

すると不思議なもので、全然決められなかったメンバーたちが「このまま任せっきりにするのはよくない」と急に建設的に議論を進め、結論を出してくれたことがありました。

マネジャーがメンバーを議論でねじ伏せるのでなく、ファシリテーションで「議論の方向性」を少し変え、メンバーからいいアウトプットを引き出すのが、ファシリテーションの理想です。

このときは僕がファシリテーター兼オーナーでしたが、オーナーが別にいる場合であれば「このままだと、最終的にはオーナーの●●さんに決めていただくことになります。**一度決定されたことにはきちんとコミットしていただきたいので、言いたいことがある方は、ぜひ遠慮せず発言をお願いします**」と促してみるといいでしょう。きっと議論の活発度も違ってきますし、決定した後のコミットにも、大きな差が出るはずです。

「困った人」は翻訳して「助っ人」にせよ

さて、個別にトラブルシューティングを行ってきましたが、最後にどんな相手にも対応できる、とっておきのファシリテーションスキルをお伝えしておきましょう。メンバーの困った部分をポジティブに変換し、誰でも助っ人にしてしまう「翻訳」のスキルです。

どんなことも否定的に見る人、楽観的な人、物事を俯瞰的かつ冷静に見られる人……人には様々な特色があり、性格そのものは、なかなか変えることはできません。けれども、**どんな性格にもコインの表裏のように、いい面と悪い面が必ずあります。**

ネガティブで否定的な人は、「リスクに敏感な人」とも言えますし、ポジティブで楽観的な人は、「困難をもろともしないチャレンジングな人」とも言えるでしょう。すぐ「そもそも論」を話し議論をふりだしに戻そうとする人は「ビッグピクチャーを描くのが得意な人」、逆に結論を急ぐ人はだいたいの場合「オペレーション設計能力が高い人」です。

ファシリテーターには、メンバー一人ひとりの特性を把握し、うまく活用する能力が求められます。ここぞというタイミングで采配し、その特性を引き出して助っ人として活躍してもらうのです。

たとえば、新しいプロモーションイベントを考えるようなシーンなら、まず、このプロモーションがそもそもなぜ必要なのか、最終的に得たいゴールはどんな状態なのかをビッグピクチャーを描くのが得意なAさんに整理してもらいます。

続いて、楽観的なBさんに、どのようなアイデアであればそのゴールにたどりつけそうかを振ってみる。この段階で「リスク要因は後から挙げるので、まずは理想を実現できる可能性が高いものから検討しましょう」と議論の流れを示しておけば、横槍が入ることもありません。

ひととおりアイデアが出たらやや悲観的な傾向のあるCさんにリスク要因を指摘してもらう。そして選択肢が定まった段階で、オペレーションを組み立てるのが得意なDさんに、今後のアクションを整理してもらう……という具合です。お気づきの方もいらっしゃるかもしれませんが、これは先ほどの「6つの帽子思考法」を個人に応用したものです。

基本的に、**すべての人は何かしら成し遂げたいことがあって発言をしています。**いつもリスクばかり口にするCさんだって、決して何もやりたくないわけではありません。そもそも論ばかり口にするAさんだって、性急に結論を急いでしまうDさんだって、みな自分が得意な方法で議論に貢献しようとしているだけ。メンバーそれぞれの特性を理解し、「意見の交通整理」をすることがファシリテーターの仕事です。メンバーのよくないところにばかり目を向けるのではなく、監督になったつもりで、建設的な選手起用を心がけてみてください。

全員がファシリテーターの最強チームをつくれ

ファシリテーションは、なかなか一朝一夕に身につくものではありません。慣れないうちは、みんなで決めた結論なのに、会議が終わってから愚痴めいた口調で「いやぁ、アレは課長がハリきってるだけだもん。うまくいかないよね」とぼやく声が聞こえてきたり、自分の発言に責任を持ちたくなくて、いくら促しても曖昧なことしか言わない人がいたり、もどかしい思いをすることも多いでしょう。アウトプットを出すプロセスを前に進めることに責任を持っているファシリテーターと、そうではないメンバーの間には、どうしても温度差が生まれてしまいがちなのです。

だからこそ、**ファシリテーターはいつも「持ち回り制」にするべき**です。

第2章でも役割分担をローテーションすることを提案しましたが、とくにメンバー全員が持ち回りでファシリテーションを行うことは効果絶大です。プロジェクトやチームをマネジメントする意識やリーダーシップが培われます。

会議はある一定の時間内にゴールを目指すという、ある種マネジメントの最小モデルのようなところがあります。様々なメンバーがファシリテーターを務めると、それぞれの個性や得意不得意が、より際立って見えてくることでしょう。人の意見を引き出すのが上手い人、結論をまとめるのが得意な人、声の大きい人、小さい人……僕みたいに「ついつい話しすぎてしまう人」もいますね。そして、人の会議中のふるまいに自覚的になるということは、そのまま自分のふるまいにも意識的になることにつながります。

「メンバー全員がファシリテーターになる」という前提条件があれば、一人ひとりの発言や行動が、会議においてどんな影響をもたらし、どんなアウトプットを生み出すのか、当事者として深く理解することができます。きっともう、ただの「邪魔者」「傍観者」には戻れないはずです。全員が「ファシリテーションマインド」を身につけたとき、あなたのチームは最高のポテンシャルを発揮するのです。

第4章

「根回し」の鉄則

なぜ、グーグルは日本企業以上に「根回し」を重視するのか

The groundwork

日本に来てから18年、僕はこれまでたくさんの企業で、様々な会議に参加してきました。その中で気づいたのは、会議の質は「会議以外の時間に何をするか」で決まるということです。ダラダラして、いつも「引き続き検討していきましょう」のセリフで終わる会議が、次の会議までに本当に「検討」しているシーンを、僕は見たことがありません。一方、サクサク決まる会議は、会議が始まる前に必要な情報を仕入れ、共有し、席についたときにはすでに一通り考え終えた状態で議論がスタートしています。優れた会議は、建設的な「根回し」に支えられているのです。

この章では、一流の会議の根回し術をみなさんにお伝えしていきましょう。

会議室の外でのコミュニケーションがない日本企業

「根回し」とは、とても不思議な日本語です。言葉自体は「うまくいくように、事前に段取りや交渉をしておく」という意味なのに、なぜかネガティブなイメージがついてしまっている。「限られた人だけでコソコソ決める」「決定権者にごますりをする」ような行動が想起されるからかもしれません。

誤解が生まれないように、お話をはじめる前に、まず最初に悪い根回しといい根回しの基準をはっきり定義しておきましょう。

悪い根回しとは「議論を非生産的にするコミュニケーション」のこと。そして、いい根回しとは、「議論を生産的にするコミュニケーション」のことです。

たとえば、上司に話を通して、「今度あのアジェンダについて話すけど、部長の肝入りの案件だから、あまり批判的なことは言わないでくれよ」と社内の人間関係を意思決定に持ち込んで議論を避け、非生産的にしてしまうのは、言うまでもなく「悪い根回し」。

逆に、同じシーンでも「今度のあの案件、ぜひ前に進めたいんだが、どういうところがネックになると思う？　何があれば、スムーズに同意を得られるのか、率直な意見がほしい」など、よりよい結論を出すための生産的なコミュニケーションであれば、それは「いい根回し」ということになります。

そういう意味では、グーグルほどポジティブな「根回し」が奨励されている会社はなかなかありません。カフェテリアに行けば誰かしらいますから、「ちょっと時間いい？」「これについてどう思う？」と気軽に声をかけられます。飲み会でも、マネジャーとの1 on 1ミーティングでも、とにかくアイデアベースで「これどう思う？」という情報交換をしますし、「前の件だけど、これでいこうよ」とカジュアルに合意形成を行います。

グーグルにかぎらずシリコンバレーのオフィスにはよく卓球台やビーチバレーコートがあり、一見すると「ゆるい」会社に見えるかもしれませんが、決してそうではありません。こまめに意見交換や内容のすり合わせをしながら、着実に、そして最速で成果を上げるため、コミュニケーションの活性化まで考え抜かれてオフィスが設計されているのです。

一方、オフィス環境の影響かはわかりませんが、**日本企業にはまだまだ会議室の外でのコミュニケーションが足りない**ように感じます。

以前、とある大手企業との協働プロジェクトに参加しているとき、何度も会議を行っているにもかかわらず、なかなか意思決定が進まないことにしびれを切らしたことがありました。

何人かのメンバーに「前回の会議から今回の間に、何かプロジェクトに関してやり取りしましたか？」と聞いてみると、驚くことに、みなさん同じ部署なのにもかかわらず、ほとんどそのプロジェクトについて話し合っていないというのです。

いい根回しか悪い根回しかをどうこう言う以前に、そもそもコミュニケーション自体が存在しない。不思議なことに、労働時間から見れば**世界でもトップレベルの長い時間を職場で一緒に過ごしている日本の社員が、お互いのことを一番知らなかったりする**のです。社内の人事事情には詳しくても、隣の人が何をして働いているかはほとんど知りません。

理想を言えば、社内には気軽に雑談が飛び交っているのが望ましいのですが、もしそれが難しい社風であれば、**まずは会議と会議の間に確実にコミュニケーションをとれる時間として、1on1の場をセットしてしまうのが近道**です。日本の会議に絶対的に足りないのは、会議と会議の間のコミュニケーション量なのかもしれません。

よい「根回し」が生み出す3つのメリット

日本企業に、「よい根回し」を根付かせるために、まずそもそも何のために根回しが必要なのかについて整理していきましょう。僕は、根回しには大きく３つの目的があると考えています。

まずは、情報収集。

たとえば、僕の会社プロノイア・グループでは「未来フォーラム」というプロジェクトを運営していて、組織や所属にとらわれない新たな働き方を模索するためのイベントを定期的に開催しています。

「こういうテーマに興味がある人が多い」という仮説には自信があったのですが、実際にニーズがあるかどうかは、話してみないとわかりません。

そこで、感触を確かめるためにあるクライアントに「こんなことをやっているんですよね」と伝えてみたところ、「素晴らしい取り組みですね！」とこちらが思った以上に興味を持ってもらえました。そこから、スポンサーシップの話が進んだり、登壇者として参加してもらえたりして、いい関係が築けています。

この場合「自分の取り組みが相手にとって価値があるかどうか」という、直接人に聞かないとわからない仮説をぶつけてみたことで、ニーズが明らかになり、よりいいアウトプットにつながったのです。

仮に数社に話してニーズがなかったとしても、それもまた「仮説が間違っている」という有益な情報です。早速次の会議で仮説を変更し、より早くよいアウトプットにつなげていけばいいだけです。

社内の話で言えば、重要なアジェンダを通したいのであれば、事前に意思決定者の意見はもちろん、**どんな価値観や判断基準を持った人物なのかを情報収集しておくことは根回しの基本**です。もし会議のゴールが決めることにあるのなら、その意思決定者の好みによって、資料のテイストさえアレンジするべきでしょう。よく、「頑張ってはいるのですが、会議で企画が通りません」というビジネスパーソンから相談されることがあるのですが、多くの場合、意思決定者についてのリサーチが不足しています。

情報収集は、根回しの基本です。ググってもわからないことなら、ためらわずにどんどん聞いてしまいましょう。

2つ目は、心の準備。

会議でいきなり意思決定を仰ぐのではなく、事前に情報提供しておくだけで、ポジティブな判断をしてもらえる可能性は高まります。逆に、人間は「まったく知らないこと」について、不安や脅威を覚えるもの。**事前に相手の「知っていること」を増やすだけで、不必要なNOをもらう可能性は下げられる**のです。

みなさんも、もし誰かと出会って「付き合いたい！」と思っても、いきなり口に出すことはしないでしょう？　「ちょっとお話ししませんか？」「一緒に食事でもいかがですか？」と少しずつ段階を踏んで、相手に気持ちを伝えていきますよね。事前に小さな判断を積み重ねてもらうことは、ゆくゆく大きな決断を引き出すための戦略でもあるのです。

３つ目は、相手に考える時間をつくってもらうこと。

たとえば、自分が考えた企画を進めるにあたって、Ａプラン、Ｂプランの二案があり、それぞれにメリット・デメリットがあったとします。もし自分がＡプランを通したいなら、マネジャーや役員など「決定権のある」役職の人に、会議にかける前に感触を確かめてみる。すると、Ａプランのデメリットが、思った以上に大きなリスクだと考えられていることがわかりました。そこで、Ａ案のデメリットをクリアするＡ′案をもう一度持っていってみたところ、悪くない感触です。しかも、後になってからマネジャーが席にやってきて「Ａ′案のインパクトは、こうするともっと大きくなるんじゃないか」とアドバイスまでもらえました。事前に考える時間ができたことで、自分一人では考えもつかなかった選択肢が見つかったのです。

会議本番で案をぶつけて意見を仰ぐのでは、せっかくのチームの集合知を有効に活用できません。課題については、それを解けそうな人へ事前に共有し、考える時間をつくってもらい、最善の解決策を引き出しましょう。

以上の３つの効果が重なれば、会議で通したいプランの精度はぐっと高まります。根回しは、予想される障壁や困難を取り除き、協力してくれる仲間を増やし、素早くゴールにたどり着くための、真っ当かつ不可欠な会議のスキルなのです。

「上司の上司」の目線を身につけろ

さて、実際に根回しをするとなると、だいたいの場合、その相手は「上司」ですよね。上司はみなさんにとって、自分たちがやろうとしていることを応援してくれる「サポーター」でしょうか。それとも、なんでもかんでも反対して、手柄だけを盗んでいく「邪魔者」？　僕はよくジョークで「オジサン上司にも優しくしてあげてね」とお話しします。上司は自分の上司と部下、そして隣の部署やチーム……360度の板挟みに陥っているのです。なんてかわいそうなんでしょう！　優しく接してあげれば、きっとあなたの言うことも聞いてくれますよ。

上司にとって、会社や「上司の上司」から求められているのは、一も二もなく「部署やチームの成果を上げること」。上司はあなたを邪魔しているのではなく、あなたのプランが単なる思いつきレベルのものでない、確かな成果が期待できるアウトプットかどうか、知りたいだけなのですから。

自分の上司からなかなかプランへの賛同が得られないとき、その上の立場、つまり**「上司の上司」の目線を想像して、上司にとっての「成功の定義」を明確にしてみると、突破口が見いだせる**ことがあります。

たとえば、課長が部長から「今期予算の必達」を申し渡されているとします。あなたは、部全体で既存顧客層の売上が右肩下がりとなっている現状をふまえて、既存顧客向けのプロモーションを強化しても、予算の達成は難しいと考えました。

そこで、「新規開拓向けのプロモーションにより多くの人的リソースを割きませんか」と提案してみたとします。

新しい挑戦を応援したがる課長のことだから、きっと賛成してくれるに違いない。そう期待していたら答えは「NO」。しかも、その理由も「部長が乗り気じゃなくて……」と、いまいち腑に落ちません。こんなとき「まったく、うちの上司はわからず屋だ！」と怒ってしまっていませんか？　ここで必要となるのが、「上司の上司」の視点です。

もし「上司の上司」、つまり部長がこのプランを否定するとしたらどんなところだろう？　部長は保守派だから、既存顧客の離脱をリスクと考えるかもしれない。そう考えたあなたは、「離脱のリスクがいかに少ないか」、また「離脱したときの影響がいかに小さい」か、複数のシナリオを描いてきて再提出してみました。すると、今度は一発ＯＫ！　課長は、実は部長への説得材料を必要としているだけだったのです。

物事が思うように進まないときは、「あなたと上司」ではなく「上司と、上司の上司」の間に問題が発生していることがよくあります。そんなときは、いつまでも「伝言ゲーム」を繰り返さず、「上司の上司」の目を意識し、あくまで建設的に、障害を取り払っていくのです。

少し本題とは逸れますが、「上司の上司の目線」は、クライアントに対しても有効です。僕の会社、モティファイのスタッフと、とある企業の人材教育ソフトウェアを開発していた時がまさにそうでした。その企業独自のソフトウェアをつくるにあたって、担当者たちとメールでやり取りしていたのですが、毎日のように「こうしてほしい」「この機能を追加してほしい」と依頼が来て、困ってしまったのです。

そこで僕は、こんなメールを送りました。「様々な点からのご指摘、ありがとうございます。誠に恐縮なのですが、今いただいている要望をすべてシステムに反映すると、予算内に収まらない可能性があります。どの機能を優先すべきか、今一度、打ち合わせを設定の上、ディスカッションしませんか」と。

ミーティングで担当者から話を聞いてみると、どうやら彼らの担当役員から、様々な指示が飛んでいて、その都度、僕らへ確認や要望のメールが届いていることがわかりました。当然、彼らにとって役員からの指示はどれも等しくプライオリティが高く、スピードを優先させようとするあまり、担当者同士で内容のすり合わせができていなかったのです。

状況を理解した僕たちは、彼らに「これまでにいただいた要望を分類しますから、どれを優先すべきで、どんなレポートがあればより深い理解につながるのかを明確にした上で、あらためて会議を行いませんか」と提案しました。そうして、その後は何倍もスムーズに仕事を進めることができました。

社内でも社外でも、合意を取り付けるときは、まずは**自分の目の前にいる相手の上司の立場に立つ**。この鉄則を忘れないようにしてください。

情報をオープンにし「政治」を一掃せよ

さて、この章の冒頭では、悪い根回しを「議論を非生産的にするコミュニケーション」と定義しました。その代表的なものが、いわゆる「政治的な根回し」です。会社内に社外からはわからない派閥があって、「●●さんのため」と陰になり日向になることで、ゆくゆくはそれなりの地位が得られることを約束される。「ハシゴを外されまい」と、自分たちのプランが会社の「主流」になるように、あの手この手で賛成を取りつける。僕は、このように人間関係によってイエス、ノーが変わるような意思決定には明確に反対です。

「●●さんのアイデアだから賛成」「●●さんが賛成しているから、僕もそれに従う」、あるいは「●●課長が推しているから、なんとしてでもこの案に賛同してくれ」といったふうに、短絡的で政治的な判断を自分にも相手にも課すようでは、組織的な思考停止に陥って、本来会議の中で起こったはずの議論やアイデアレベルの葛藤が失われます。その機会を奪われ、**本来的な意味での賛同が得られなければ、「本当はこうすればよかったのに」「こちらの案が素晴らしかったのに」という感情的なしこりが残ってしまいます。**表面的には「全会一致」に見えるのかもしれませんが、実は「みんなに無理やり『イエス』と言わせた」にすぎないのです。それでは、〝Disagree but commit〟の精神は生まれようもありません。

議論を尽くす手間を惜しんだ意思決定は、プランを実行する上で、メンバーがやると決めたことをやらない、あるいは「一方的に決められた」と陰で吹聴されて周囲のモチベーションが下がるなど、ブーメランのように、必ず大きな問題となって返ってきます。

では、どうすれば政治的なコミュニケーションが生まれない組織をつくることができるのか？　そのカギは、実は「社風」にあります。

政治的なコミュニケーションは、何も日本の組織に限ったことではありません。外資系でも、**秘密主義的でクローズドな組織では必ずと言っていいほど政治が生まれます。**

たとえば、誰か優秀なメンバーをプロジェクトにアサインしようとして声をかけたとしたら、「ちょっと忙しいんだ」と断られてしまった。実は、そのメンバーはトップから直々にとある極秘プロジェクトにアサインされていたのです（秘密主義的な組織ではよくあることです）。

すると、「ひょっとして自分は嫌われているのかな」とあらぬ疑念が生まれたり、そのメンバーの上司に「どうしてもあの人をアサインしたいのですが」などと働きかけたりと、余計なコミュニケーションコストが発生してしまいます。

この払わないでいいコストをなくすため、僕はまず、**情報共有を極力オープンにすることを**オススメしています。

「特定の誰かだけが重要な情報を知っていて、他の人は知らない」という状態ができれば、そこには自然と「政治」が生まれます。情報を知っている人からしてみれば、他の人に情報を教えないほうがトクをするという、よくないインセンティブも生んでしまいかねません。そうならないためにも、あらゆる情報は極力オープンにしていきましょう。

実際にグーグルも、チームやプロジェクト、個人単位で、アジェンダや議事録、など多くの情報をすべて共有しています。物事をオープンにして、あえて多くの人の目に触れさせることで、優れたプロダクトやサービスを生み出すような化学反応を誘発しようとしているからです。

僕の経営する会社はもっと極端で、給料以外のあらゆる情報はすべてオープンにしています。政治的な根回しを無くし、より建設的に仕事に取り組めるかどうかは、組織のオープンさが決めると信じているからです。ゆくゆくは、給料さえオープンにするような時代も来るかもしれません。

議題を通したいなら、「ごますり」ではなく信頼を得ろ

会議は、様々な人による意思決定の連続です。そこには、現在・過去・未来という時間軸、事実と仮説、それぞれに基づく検証、あるいは、会社のミッションや方向性と一致しているかどうかなど、数々の要素が複雑に絡み合います。しかし、その中で、とても重要なのにもかかわらず、あまり顧みられない要素があります。それが、意思決定を下す人の「人間性」です。

もし相手に、自分のプランを理解し、賛同の意思決定をしてもらいたいのなら、相手を知ることが、実は意外な近道になることがあります。

相手を知ることができるのは、会議室ではありません。コーヒーブレイクや、ランチのタイミング、あるいは、飲みの席など、カジュアルな場での接点を持つことで、その人を知り、本当の意味でわかりあえるように、積極的にコミュニケーションを取るのです。

チームやプロジェクトとして望むような成果を出すためには、心理学で言うところの「ラポール（相互的な理解と信頼関係の構築）」が必要です。お互いに価値観や信念を理解し、感情レベルの好感や親しみを持っていることは、スムーズな合意形成を生むうえで大きなプラスになります。

みなさんが一緒に仕事をしているのは、精巧なロボットではなく、あくまでも人間。もしも少し浮かない顔をしていたら、「最近、かなり根を詰めてるみたいですけど、何か心配事でもあるんですか？　よかったら、気分転換にランチにでも行きませんか？」と声をかけてみてはいかがでしょうか。

「いや、実は最近子どもの具合がよくなくて、しばらく学校に行けていないんです」

「そうだったんですか……。信頼する友人が薦める、いい医者がいるんです。よかったら一度行ってみませんか？」

そんな一言から、思わぬ信頼関係が生まれることもあります。

仕事相手としてではなく、一人の人として築き上げた関係性は「●●さんしかこの役割はできませんよ」とごまをすったり、「大変ですよねえ。お察しします」と同情を寄せたりして生まれた関係と違い、長期的にあなたを成功へと導いてくれます。

「シンパシー（同情）」より「エンパシー（思いやり）」、「ごますり」よりも「手助け」の精神は、いつか困ったときにあなたを救ってくれるかもしれません。

相手からあなたへの信頼感も高まり、互いに「この人をサポートしよう」と思える関係が社内にどんどん増えていく。これ以上に、「生産的なコミュニケーション」も、なかなかないのではないでしょうか。

第5章

「チームづくり」の鉄則

「安心感」こそ最強の戦略である

The team building

ここまで、ゴール設定から進行のルール、ファシリテーション、根回しまで、みなさんに具体的で実践的な「会議の鉄則」を手渡してきました。しかし、すべての鉄則が機能するにはどうしても欠かせない、大切な条件があります。それは、チーム内に「心理的安全性」が築かれていることです。

当たり前の話ですが、人間はロジカルな機械ではなく感情を持った生き物です。だからこそ、人間同士が集まり、ひとつのアウトプットを出すときには感情を扱うための方法論が必要です。最後となる本章では感情に焦点を当て、チーム内にどうすれば心理的安全性を築けるのか、考えてみたいと思います。

日本企業は外資系より断然冷たい

グーグルは、つい最近になって、「チームの生産性を高めるもっとも重要な要素である」として、心理的安全性の重要性を解明しました。

しかし、振り返ってみれば過去、日本でも心理的安全性が当たり前のように社内に存在していた時代がありました。昔ながらの部署対抗運動会や社員旅行だって、チームビルディングの一環として有効に機能していた時代もあったのです。ただ、これらは僕が日本に来た頃にはすでに「古臭い習慣」として失われつつありました。

いわゆる「飲みニケーション」も過去の遺物として扱われ、「外資系のように、いつだってロジカルに、ドライに仕事を行うことが理想」だと考えている人が、とくに若い人を中心に増えているように感じます。

でも、本当にドライであることが正しいのでしょうか？　それ以前に、そもそも外資系はドライなのでしょうか？

確かに、僕が働いていたモルガン・スタンレーには、そういった側面がありました。金融という業界の性質上コンプライアンスが厳しく、社員同士、業務中にプライベートに立ち入るのはご法度でした（国籍はどこか、年齢はいくつか、結婚しているのかなどの質問ですらすべてNGです）。自己紹介もネームプレートを下げて「●●部の●●です」とだけ言って終わり。はたからみれば、血も涙もない人間たちと見られることもあるかもしれません。

でも、それは業務時間の中だけの話。一見ドライに見える彼らだって、一緒に働いている相手のことはやっぱり気になるらしく、ひとたびランチでフロアを出れば、ちょっとした会話をきっかけにプライベートについての話が止まらなくなることもよくあります。それに比べてエレベーターの中でさえシンと静まり返っている日本企業は、僕からするとちょっと異様に見えてしまうのです。日本人は労働時間が長く、ひょっとしたら家族よりも長い時間を同じ会社の社員と過ごします。でも、いちばん会社の隣の人のことについて知らないのも、日本人なのではないでしょうか。隣の人がいまどんなことで悩んでいるのか、聞いたり、考えたりしてみたことがありますか？　もちろん、プライベートなこともありますから何でもかんでも聞いたほうがいいわけではありませんが、**人として、相手を理解しようとする姿勢から心理的安全性は生まれていきます。**

日本の企業は、かつてあった「家族的な企業文化」を否定され、かといって「グローバル化」にもうまく馴染めないまま、今、途方に暮れているようにも見えます。だからこそ、もう一度、時代に合った形で心理的安全性を取り戻さないといけないのではないでしょうか。

ネガティブな発言を歓迎せよ

心理的安全性について考えるなら、やはりグーグルが一歩先に進んでいます。彼らが、「感情レベルの葛藤を減らし、アイデアレベルの葛藤を増やせ」という考えを共有していることはすでに述べました。

ここからが、グーグルのユニークなところです。ふつう、感情レベルの葛藤を減らせ、と言われると感情を胸にしまって機械のように働くべきかと思ってしまいそうですが、彼らはむしろその逆。社員がお互いにどんなことを思っているか、どんな価値観の人間なのかわかりあうことをどこよりも大切にします。

僕がグーグルに入ってはじめて驚いたのは、チームビルディングのときの自己紹介がとにかく長いこと。研修によっては一人五分ほどかけることもあります。「自分はどんな人間で、何をしてきて、どういうタイプで、こんなものが好きで、苦手で……」と、まったく仕事に関係ないことまで含め、延々と話すのです。

最初はなぜこんなことをするのかと不思議に思いましたが、働いていくうちにその意味がわかりました。**相手がどんなタイプで、どんな場面でどんなことを感じる人間なのかを理解できていると、仕事がとにかく早く進む**のです。

「Aさん、最近少し顔がつらそうだな。そういえばお子さんが入院したと言っていたし、プロジェクトに一人ヘルプを入れようか」

「プロセス重視のBさんは、結果だけが共有された今日の会議に納得していないに違いない。後でケアしておこう」

と、問題が起こる前後どちらでもサポートができて、全員が高いパフォーマンスを出せます。

逆説的ですが、**アウトプット重視の会社だからこそ、仕事に関係ないことまでオープンに共有する文化が育つ**のです。

一方、日本の企業は、例外もたくさんありますが、どちらかといえば軍隊的なコミュニケーションが多いように感じます。個性や感情を持ち込むこと自体があまり歓迎されず、上の言うことは絶対です。

以前、とある会社のマネジャーと話していたのですが、「最近の新入社員はどうも根性が足りなくて、『今日はちょっと頭が回らないんですよね』なんて平然と話すんですよ。いったい、どういうことなんですかね？」と腹を立てていたんです。

僕には信じられません。相手のコンディションがわかれば、その人にどんなサポートが必要か、どういうふうに接すればいいのか、客観的に判断できる材料になりますし、本人の状態はチームの生産性を考える上でも重要です。マネジャーが新入社員に取るべき態度は「今どきの若者はけしからん！」と心の中で憤慨するのではなく、「じゃあ、コーヒーブレイクでも入れたら？」と声をかけたり、「お客様に提出する重要書類、明日までに用意するはずだったけど、大丈夫か？　ミスが出るくらいなら、今日は早く帰って、明日の朝に回しなさい」と適切に指示したりすることのはずです。もし僕の会社だったら「今日はちょっと頭が回らない」と言った新卒は、「よく教えてくれた！　いい自己開示だね」と、きっとその態度を褒めるでしょうね。

日本では、どうしても「弱音を吐く」ことにネガティブな印象を持つ人が多いように思います。けれども、お互いに人間ですから、いつも調子がいいなんてことはありえません。それなのに、一日八時間ぐらいずっと一緒にいる仲間にすら自己開示できなければ、いいアウトプットが出せるはずがないのです。正直に打ち明けてこそ、チームは助け合うことができます。日本の会社は、もうちょっと一人ひとりの感情と状態を大切にしてもいいのではないでしょうか。

感情レベルの葛藤を減らすために、一人ひとりの個性や感情を抑えつけない。むしろ、どんどんオープンにして、相手に「自分がどんな人なのか」「いまどんな状態なのか」を知ってもらう。そんなチームには、自然と信頼関係が築かれていきます。

信頼関係があるからこそ、感情レベルの葛藤が減り、アイデアレベルの葛藤が増え会議の質が上がっていく。**「いい会議」は、チーム内の信頼関係に支えられている**のです。

マネジャーがまず率先して弱みを見せろ

「新入社員が、『今日は頭が回らなくて』と平然と話すんです」と僕に相談した日本企業のマネジャーは、自分は若い頃決して弱音なんか吐かなかったぞ、という自負があるのでしょう。でもそれは、単なる「建前」です。弱っていたときがあったのを、「そんなことを言ったら、上司に認めてもらえない」と押し殺していただけです。おそらく本当にそんなことを言うと「気合が足りない！」とマネジャーに怒られたのでしょう。**結局、メンバーの言動は、マネジャーがつくっているの**です。

だから僕は、メンバーの誰よりも、オープンに弱音を吐きます。

「最近忙しいから、いろんなことを見落としているかもしれない。ごめんね」

「今日はちょっと頭が痛いから、集中力が落ちているんだ」

僕の会社のメンバーは、そんな僕を見て、「包み隠さず、本音を話してもいいんだな」と感じてくれているみたいです。

いつも僕が積極的に自己開示しているおかげか、最近は会社のスタッフもなんでも話してくれるようになりました。あまりに忙しくて、いろんな仕事を任せっぱなしなので、「もう！　ピョーさん（社内での僕のあだ名です）、ふざけるな！」と遠慮なくツッコまれることもあります。「上司」の僕にそんなことが言えるくらい、メンバーとの間に心理的安全性が築かれているのです。

僕がモルガン・スタンレーに勤めていたときの話ですが、とある女性社員で、しばしば「頭が痛い」「お腹が痛い」などと体調不良を理由に休む人がいました。僕はマネジャーとしてとても心配していたのですが、あるとき、休み方に明らかな規則性があることに気づいたのです。そこで、１on１ミーティングの際、「個人的な話だろうし、僕も男性だから、言いづらいようなら恐縮なんだけど、会社の人事制度には『生理休暇』があるから、どうぞ気兼ねなく取得してください。都度連絡するのも心理的にストレスがかかるだろうから、システム上で申請してくれれば、それで構いませんから」と話したのです。すると、彼女もホッとしたのか、「実は、生理痛がひどくて、仕事にならなかったんです。ありがとうございます」と打ち明けてくれて、普段の関係性もそれまで以上によくなりました。

いまはハラスメントへの意識が高まっていますから、言えないことも増えているとは思います。僕もなんでもかんでも人のプライバシーに踏み込むのはよくないとは思いますが、ひとつだけ言っておきたいのは、**タブーを増やせば会社がよくなるわけではない**ということです。

ハラスメントは、相手が不快だと感じるからハラスメントになります。逆に言えば、しっかりと「この人は信頼できる人だ」と思ってもらえれば、問題は起きないのです。

ハラスメントをなくすために社内にどんどんタブーが増え、心理的安全性が下がり、パフォーマンスが低下したり、会社を辞めてしまっては元も子もありません。実際にどこまで話すかは別として、少なくとも、タブーに頼るのではなく、信頼関係を築くことで問題を解決しようと考える人はもう少し増えてもいいはずです。

「悲しい」「困った」などの感情は会議に持ち込め

メンバーに対してオープンになるのは、何も弱っているときだけではありません。僕は、会議の中にも、積極的に自分の感情を持ち込むようにしています。

ある年末年始、チームにお願いした仕事が望んだようなアウトプットを出せなかったことがありました。僕はその穴埋めをするために、一人で休みを返上して働かなくてはなりませんでした。ただでさえ貴重な休みですから、ふだんできないあれをしよう、いや、何もせずのんびりするのもいいな、と僕は前々から年末年始を楽しみにしていたのです。だから、何にもできず、一人でふだんのように仕事をしているのは、本当に悲しかった。

年明けの会議で、僕はその気持ちをメンバーにしっかりと伝えました。

「なぜ、今僕はこういうことを言っているかというと、本当に悲しかったからなんです。だから、今後こういうことが起こらないようにどうしたらいいか、みなさんと話し合いたいんです」

するとスタッフは、「ああ、私たちは本当にピョーさんを困らせてしまったんだな……」と切実にとらえてくれて、どんどん改善案を出してくれました。いつも以上にみんな、集中してくれていました。

ふつうの会議なら、「あなたがどう感じたかなんて、アジェンダに関係ない」と言われておしまいかもしれません。でも、僕は**自分が感じたことはそのままメンバーに伝えるし、メンバーにも自分に伝えてほしい**と思っています。一見遠回りに見えても、じつはそれがアウトプットを最大化するための、一番の近道になるからです。

すべての文句は「依頼」と思え

日本では「論理的に話すことが優れたビジネスパーソンである」と認識されていて、仕事において感情的になることを必要以上に避ける傾向があります。けれども、論理的であろうとしているメンバーが、それでもなお感情を露わにした瞬間は、チームビルディングの重要なチャンスです。その瞬間を逃してはいけません。

たとえば最近、僕の会社に新しくスタッフが入社したのですが、僕があまりに忙しく、1 on 1の時間が取れない状況になっていました。すると、スケジュール管理をしてくれているスタッフが、「ピョーさん！　このままじゃいつまで経っても1 on 1できません！　なんとかしてください！」と文句を言ってきた。僕からすれば、「スケジュール管理はあなたの仕事じゃないか？　どういうこと？」と愚痴りたくもなります。

しかし、相手が感情的になっているとき、こちらも負けずに自己主張したり、相手の感情を深刻に考えすぎて落ち込んだりしてしまえば、感情レベルの葛藤を生んでしまうだけです。大事なのは、**まず、相手の思いをすべて吐き出させ、ただ「受け止める」こと。遮ったり、反論したりしてはいけません。**

僕は長年、合気道を習っているのですが、合気道では、敵と戦い敵に勝つことが目的ではありません。お互いの優劣を競うことなく、尊重し合う「和合の心」こそがゴールなのです。そのためには、相手の力に反発することなく、あらゆる感情の機微に敏感になること。相手の感情に気づき、「こういうふうな気持ちなんだな」「こう考えているのだな」と受けとめ、それに対して「自分はこんな感情になっているな」と認識すること。すると「事実を受け止めた」瞬間に、不思議と冷静になれるのです。

相手が感情的になっているのは、その問題が重要で、直ちに改善する必要があるということのシグナル。重要なのだけれど、いや、重要だからこそ、建設的に伝えられない。そんなときは、聞き手が積極的に「脳内変換」してあげる必要があります。

すべての「文句」は「依頼」です。

「ピョーさんが忙しすぎてスケジュール管理ができない」というスタッフの文句は、建設的に考えれば「もっとピョーさんと話す時間がほしい。相談したい」という依頼だと捉えることもできます。

相手が感情的になっているときはまず、すべて**「吐き出させる」**。そして、その感情の発露を「理解しようとする」態度を持って、**「受け入れる」**。最後に「あなたがおっしゃっているのは、●●ということで間違いないですか？」「つまり、●●ということなんですよね」と、**建設的に「言い換える」**。この３つのステップで、お互いの現状認識をすり合わせていけば、その先にどんな課題解決の方法があるか、一緒に考えていくことができます。

とはいえ、僕も人間ですから、もちろん頭がカーッとすることはあります。そんなときは、自分よりも少し上のところに目線を置いて、「あぁ、イライラしているなぁ」と自分を客観視してみるのです。すると、「ここで僕も怒ったら、事態はますます悪化して、後々僕自身の首を絞めることになるぞ」と考えるわけです。

一時的な感情は、長期的な信頼を失わせてしまいます。逆に一方が感情的になっても、もう一方が落ち着いて聞く姿勢を保っていれば、翌日に「いや、昨日はちょっとヒートアップしてしまって、どうかしてたよ」と詫びが入って、信頼関係がさらに強くなることも多い。雨降って地固まる、です。相手が感情をぶつけてきたら、「チームビルディングのチャンスだ！」と思えばいいのです。

定期的に「愚痴会」を開け

僕は、会議に限らず仕事の場では、メンバーが自分の感情を出すことを歓迎しています。感情を伝えてくれれば、その人が本当に考えていることがわかるし、ためらいなく感情を伝えられるということは、それだけ心理的安全性が確保されていることの表れでもあるからです。

でも、とくにネガティブな感情については、なかなか表に出すのが憚《はばか》られるもの。だから僕は、ネガティブな感情を建設的なアウトプットにつなげる「愚痴会」を定期的に開いています。

やることはいたってシンプル。「なんか、めんどくさいことない？」「愚痴を言いたいようなことはない？」と問いかけるだけです。

「この前のプロジェクトのとき、まわりのみんながあまりサポートしてくれなかったような気がする」
「若手の成長スピードが遅いから、ゴールの達成がイメージできない」
「そういえば、会社の精算制度が使いづらい」

みんな、「愚痴を歓迎します」というと、一気に様々な問題点を指摘してくれます。その一つひとつを、まず「そんなことがあったの、大変だったね」と受け入れる。そしてその感情を受け入れたら、「じゃあ、どうしたら解決できるかな?」と建設的な問いに言い換えていくのです。

愚痴は、建設的に考えれば解決すべき課題があることを示すひとつのサイン。でも、みんなプロ意識があるので、「代案もないのに愚痴を言ってはいけない」と押し殺してしまっています。だったら、**せっかくチームで働いているのだし、全員の集合知で解決してしまいましょう。**

もし、社員の心理的安全性を会議のなかから高めたいのなら、僕はこの愚痴会をはじめてみることをオススメします。会社もよくなって、心理的安全性も高まり、まさに一石二鳥ですよ！

形式的にでもいいから、メンバーの人生経験を聞け

もうひとつ、僕が心理的安全性を手っ取り早く高めるためにオススメしているのが「ライフパス」というエクササイズです。ライフパスは、新たにチーム編成を行ったり、プロジェクトを始めたりするときにとくに有効です。

必要なものは白紙のみ。大きさはなんでもかまいませんが、「幼少期」「小学生」「大学生」「社会人」などと、「これまで自分の歩んできた道」を書いてもらい、そして、一人当たり五分間でそれについて語ってもらうのです。人生でもっとも影響を受けた出来事、ターニングポイントなどを振り返ることで、周りにとっては「その人の性格や考え方などがどのように形成されてきたか」を理解するヒントになりますし、自分自身にとっても、

それを言語化することで、自己認識力が高まります。

「ああ、あの人はあまり感情を表に出さないし、何を考えているかちょっとよくわからなくて苦手だったけど、親が厳しい家庭だったんだな」

「あの人、そんな目標があっていまの仕事をやってるんだ。応援したい！」

などのように、ふだんはなかなか聞けない話を聞くことで、メンバー同士の間に深い理解が生まれるのも、こうしたエクササイズならではです。

ポジティブな人、ネガティブな人、社交的な人、おとなしい人……そんな表面的な印象だけでなく、**これまでの人生経験によって培われてきたものまでお互いに深く理解することが、チームビルディングの基本**です。

チームビルディングは、様々なアプローチから実践することができます。たとえば、グーグルでよくあるのは、〝Let's catch up〟と声をかけること。カフェテリアでコーヒーでも飲みながら、最近の興味、関心を知るために「キャッチアップ（近況報告）」するのです。カフェテリアがなければ、給湯室でも、エレベーターの前でもかまいません。自分が所属する部署やチーム、プロジェクトに留まらず、普段の何気ない会話から心理的安全性を高めておくことで、思わぬところから新たなアイデアやプランが生まれることもあります。**大切なのはまずは一声かけてみる、ちょっとした勇気**なのです。

メンバーの失敗は、祝え

僕が、安心してなんでも言える環境をチーム内につくりたいのは、メンバーにどんどんいろんなチャンスに飛び込んで、成長していってほしいからです。しかし、新たな挑戦にはミスがつきもの。

僕の会社でも、普段はあまりミスをしないスタッフが、立て続けに同じようなミスをしてしまったことがありました。細かいことが苦手な僕にはよくあることですが、彼女にとっては大事です。「あぁ、私、最悪だ……」とあまりに落ち込んでいるので、僕は仕事の合間に、渋谷のリンツショコラカフェでちょっといいチョコレートを買ってきて、「失敗、おめでとう!」とプレゼントしました。これは何も「嫌み」ではありません。

僕はそのとき、彼女の成長だけを考えていました。起こってしまったことはいいんです。

でも、この失敗から彼女が失敗におびえてチャレンジができないようになれば、それはささやかな失敗よりもっと大きな「失敗」です。

逆に失敗におびえるのではなく、よりチャレンジングに仕事に取り組んでくれれば、それはささやかな失敗が吹き飛ぶくらいの大きな成長になる。だから、失敗した時点からあくまで建設的に考えて、これは失敗ではなく成長の機会なのだと、フレーミング、つまり問題の捉え方を変えたのです。

「失敗記念チョコレート」は僕のそんな気持ちを伝える手段でした。彼女は驚いていましたが、メッセージが伝わったのか、いまもニコニコとチャレンジングに仕事をしてくれています。「失敗は大歓迎」は、プロノイア・グループの大事な価値観のひとつです。

日本にも「覆水盆に返らず」といういい言葉がありますが、失われたものは元に戻りません。必要なのは、失敗が次に起きないための対策であって、謝罪や反省ではないはずです。だから、失敗が起こったらまずはその事実を受け入れる。そして対策を立てたら、すぐに失敗を手放す。

チームメンバーが失敗したとき、リーダーは「すぐに受け入れ、手放せるか」「失敗を

恐れず挑戦する文化をつくりだせるか」をいつも問われているのです。

グーグルには「Fail fast, fail forward（早めに、前向きに失敗する）」という文化があります。プロダクトやサービスをベータ版でローンチして、ユーザーからの厳しい指摘やフィードバックをもらいながら、どんどん改善していく。**「初期に失敗するということは、将来の大きな失敗を防ぐことでもある」**ということが会社レベルで共有されているのです。

メルカリというフリマアプリの会社でも似たようなことを聞きました。何か問題が起こったとき、「誰が悪かったのか」と犯人探しをするのは時間の無駄。そう考えているからこそ、失敗をみな平気な顔ですぐ共有し、建設的に議論するという習慣が徹底されているようです。彼らにとって「プロセスの失敗」はあっても「人の失敗」は存在しないのです。人はたまに間違えるもの。だからこそ、テクノロジーを活用したり、プロセスをわかりやすくすること以外に、根本的に解決することはできません。

優れたチームにとって失敗は、新しい変化を起こすためのチャンスなのです。

謝罪を排除し、仕組みをつくれ

リーダーは失敗を歓迎すべきですが、その一方で形だけの謝罪については、許してはいけません。

私が日本に住んでいて疑問に感じるのが、メディアが行う謝罪会見です。日本では個人にしろ企業にしろ、不祥事が起こると謝罪会見が行われ、当事者が辞職さえすれば、「みそぎは済ませた」とばかりに忘れ去られてしまいがちです。

かつて、ビル・クリントン元アメリカ大統領は不倫スキャンダルに見舞われたことがありました。しかし、彼はすぐに辞める道は選ばなかった。「私は彼女と不適切な関係を結んだが、それは間違っていた」と自らの過ちを認め、その後、任期まで大統領としての仕事を全うしました。今でも彼は、アメリカで非常に人気のあるリーダーの一人です。

一方、日本ではとにかく「謝罪したという事実」「反省している様子」を見せることが優先され、課題解決が後回しにされてしまいます。

会社の中でも、似たようなことは起きているのではないでしょうか。数字を間違えたり、大事なデータを外部の人に送信したりで社内に迷惑をかけると、まず出てくるのが「始末書」。けれど、始末書は一体何のためのものなのでしょう？　もちろん同じことが起きないように考えるという目的もあるのでしょうが、だったら会議で議題にして全員に共有し、組織的な解決を目指すほうが生産的です。

もし始末書が、上司に「反省している」と示すだけのものになってしまっているなら、いっそのことやめてしまいましょう。そんな形だけの感情の発露に意味はありません。

本来必要なのは、「反省」ではなく、いかに失敗しないような仕組みを見つけだすか。**たびたび似たようなミスが続くようなら、個人ではなく、仕組みが悪いということ。**会議の議題として提案し、改善すればいいのです。

結局のところ、愚痴を言い続けるのも、反省だけで済ませるのも「行動を変える気はない」と意思表示している点では、本質的には同じこと。大切なのは過去に起きてしまったことではなく、未来をどうつくりあげていくか。そして、そのためにも一つひとつ積み上げるように建設的に議論を交わしていくしかないのです。

チャーミングさで人を動かす

「チームに心理的安全性をつくることができるマネジャーになるには、どんな資質が必要でしょうか?」最近、講演会でよく聞かれる質問です。

心理的安全性は高めたい、でも望むアウトプットを出させるためには、言うべきときは厳しく言わないといけない。そのバランスの間で悩んでいるマネジャーも多いのだと思います。

僕が「マネジャーに必要な資質」と考えているのは、一つは「優しさ」。「優しい」と言っても、英語の〝Nice〟(ナイス)ではなく、〝Kind〟(カインド)です。たとえば、メンバーがクライアントに対してプレゼンを行ったとき、「いやぁ、よかった! 素晴らしかったよ!」と声をかけるのは、表面的には「ナイス」なマネジャーかもしれませんが、実際にそのプレゼンのどこがどのように素晴らしかったのか、フィードバックがないため、部下は「振り返り」の機会が得られず、学びのないままに終わってしまいます。「内容としてはとてもよく練られていたけど、何しろ声が小さかった。もっと胸を張って、堂々としていなければ、仮にどんなに素晴らしい提案でも、クライアントは不安を感じてしまう」ときちんと指摘できてこそ、本当の意味で優しい「カインド」な上司だと言えるでしょう。

もう一つは、「優しさ」の反対の「厳しさ」です。

たとえば、あなたに高校生の娘がいたとします。その娘が、ある日、深夜になってもまったく帰ってこない。電話をかけても折り返しもない。心配して眠れずにすごしていたら明け方、なんと酒の匂いを漂わせて帰ってきた。こんなとき、優しくするだけでは親失格です。最初は「あぁ、やっと帰ってきてくれた、よかった」と自分の愛情を伝えてもいいですが、やはりその後はきちんと「もう二度と酒は飲むな！　それと、夜遅くまで出歩いているときは、せめて親の電話くらいは取りなさい」と怒らなくてはいけません。なぜなら、それが親という「役割」に課せられた、義務だからです。

会社も同じです。マネジャーの「役割」は、メンバーを成長させること。しかし「自分と、『一緒に働きたい』と思ってほしい」「腹を割って話せる関係でいたい」と願うあまり、その「役割」を忘れ、単なる友だち関係になっているケースがよく見られます。メンバーのパフォーマンスが下がっているのに、嫌われることを恐れて指摘できない。そんな**「役割不在」のなあなあの関係性からは、信頼も、心理的安全性も生まれません。**逆に、厳しい指摘ができるということは、「相手をきちんと見ている」ことの裏返しでもあります。感情的にさえならなければ、メンバーにもきっと「気にかけてくれている」という事実は伝わるはずです。

3つ目は、チャーミングであることです。厳しいことを話すときも、結局は人と人。いつだって、チャーミングであることが欠かせません。

あるとき、スタッフに名刺のデータベース化をお願いしていたのですが、一週間経っても名刺の束がそのままになっていることがありました。僕は彼女に、「この名刺は、このままだとただの紙切れだけど、作業してくれたら生きた情報になって、イベントやセミナーの招待を送ったり、取材された記事をシェアしたりできる。うちの会社のこれからは、●●ちゃんの作業にかかってるんだよ！」と少しおどけて言ってみせました。彼女は「それはいけない！」とばかりに、早速きちんと作業をやってくれました（後日そのメンバーから「目が笑ってなかった」と言われたので、あまりチャーミングではなかったのかもしれませんが……）。「チャーミングであること」は「失敗は大歓迎」と並んで、プロノイア・グループでは大切な理念となっています。

不機嫌で人は動きません。そして、確実にチーム全体の雰囲気を悪くし、コミュニケーションを妨げます。

チームのパフォーマンスを上げるというマネジャーのゴールから逆算しても、一人ひとりのチャーミングさは心理的安全性を築くための重要な「資質」なのです。

!正解がわからない時代だからこそ、年下に学べ

僕は「はじめに」で「会議は会社のコミュニケーションの縮図だ」とお話ししましたが、もっともそれをよく感じるのが、建前ばかり重視され、表面的な発言ばかりが飛び交う会議です。

一般的には、企業では上に行けば行くほど、ネガティブな情報が報告されにくくなってしまいます。

現場レベルで課題となっていることや、エラーが生じているようなことがあるとき、上司の中には「なんてことをしてくれたんだ!」と恫喝する人、「おまえのせいでこんなことになったんだ!」と責任をなすりつけるような人が出てきてしまうからです。すると、部下はますますネガティブなことを報告しにくくなり、明るみに出たときにはもう手がつけられないほど悪化してしまっている。**会議において心理的安全性が重要なのは、企業に**

とって重要な真実を把握するためのガバナンスにも影響してくるからです。

現場レベルで起こっているクレームや不具合、売上の低迷などは、解決すべき課題を見出す大切なメッセージです。もしマネジャーが数字を追うばかりで、その本質と向き合わないままでは、企業は緩やかに衰退していきます。

それに、そんなコミュニケーションスタイルはもう時代遅れです。

かつては経験を積み重ねた者こそが技能も高く、「正解」を導き出すことができた。だからこそ、年長者が「上司」となり、「部下」を指導していたわけです。長年にわたって培われてきたスキルとノウハウによって確実に成果を出す方法を身につけていて、後輩は見よう見まねで学ぶしかなかった。「上司の言うことは絶対」というのもある意味正しかったのでしょう。

けれども今の時代、「正解の導き方」は必ずしもひとつではありません。経験値がもはや無用の長物となり、ともするとテクノロジーを当たり前のものとして使いこなしているデジタルネイティブ世代のほうが、正解にたどり着く術を知っていることだってあり得ます。**たくさんの経験があること自体が、変化の邪魔になることだってある**のです。

どんなに仮説を立てても、時代は常に動いていきますから、失敗することもやむを得ない。それどころか「失敗に気づかない」ことさえあり得るのです。ですから、マネジャーだろうがメンバーだろうが、お互いに尊重し合い、学び合っていくこと。どちらの立場であっても、**弱みをさらけ出しながら、失敗に失敗を重ねて、そのたびに検証しつつ、トライ&エラーしていく**こと。そういった「オープンなコミュニケーション」がこれからの時代のチームには、求められているのです。

家族ではなく、プロ野球チームを目指せ

「会議で本音なんか言うもんじゃないですよ」

冒頭でご紹介した知人の言葉をはじめて聞いたとき、僕はショックを受けました。知的好奇心が旺盛で、いつも勉強になる話を教えてくれるような彼が、なぜ堂々と本音を言わない、つまり自分にも他人にもウソをつくという道を選んでしまうのか?

そう考えたとき、僕は日本の雇用制度に原因があるのではないか、と思い至りました。

日本では長らく終身雇用が当たり前とされてきたため「会社」という組織がある意味「家族」のような存在になっています。

家族にはもちろんいい面もあります。何があっても困ったときは助けてくれるという信頼感があるし、決して裏切ったりしない。日本の企業に従業員がそのような居場所を提供

できているとしたら、それはとても貴重なことでしょう。

一方で、家族には家族だからこその悪い面が出てしまうこともあります。ずっと同じ場所に一緒にいるし、これからも居続けるため、思い切ったことを言えない。本来なら何でも言い合えるはずの家族なのに、**気づけば家族だからこそ言えないタブーが生まれていることもある**のです。特定の「目的」があって一緒にいるわけではないから、居心地のよさが最優先されてしまう。

ひとつのたとえですが、子どもが夜遅くまで帰ってこない父親のことを母親に「どうしてお父さんはいつも夜遅いの？」と尋ねると、母親が「お父さんったら、いつも会社の人と飲みに行くの。いい？　絶対お父さんみたいな人になっちゃダメよ」と子どもに愚痴る。またあるときは、母親に叱られた子どもが「お母さんに怒られた」と父親に泣きつくと、「お母さんはすぐにイライラするからなあ。どうせ言っても直らないんだ。ほうっておいたらいいさ」と今度は原因を母親になすりつける。こんな「仮面家族」、長くは続かないでしょう？

日本企業も、同じではないでしょうか。面と向かって話す時は、「はい、はい」と、適当に返事をしていても、心の中では「うちの上司は頭が固いから、新しい取り組みを理解してくれない」「うちの連中たちは本当に使えなくて、ちっとも仕事ができない」など、お互いに諦め合って、高め合おうという考えがない。

そんな「仮面家族」的なチームでは、望むようなアウトプットが生まれるわけがありません。

では、日本企業がこれから目指すべき「理想的なチーム」とは何でしょうか。僕は、明確な目的もなく、本音も言わない「仮面家族」ではなく、特定の目的のもとに本音をぶつけ合う「プロ野球チーム」こそが理想だと思います。

日本一に輝くようなチームの監督やコーチは、いつもニコニコしているわけではありません。結果が伴わなければ、ときに厳しい言葉もかけます。それでも選手は、監督は僕たちのことを嫌いなんだ、とは考えません。優勝という同じ「目的」に向けて、最善の選択肢を取ってくれている、という信頼があるからです。

自分のチームに誇りを持っているから、外に対しても愚痴を言いません（うちの選手って本当に使えないやつばっかりなんだ、と嘆くプロ野球選手はいないですよね?)

もし、投手の調子が上がらなかったら、コーチがマウンドに行って「球が走っていないけど、大丈夫か? 何かあったか?」と声をかけます。チームとして「勝利」という目的に向かって、お互いにサポートし、建設的に話し合うことが当たり前なのです。お互いに信頼し合い、高め合おうという雰囲気があるから、コーチも厳しいことを言える。選手も、パフォーマンスが出せずチームに貢献できないと判断すれば自ら降板を願い出ることもあるでしょう。

日本のビジネスパーソンの多くが、チームづくりの原体験を「部活」で経験してきたことも、何か影響しているのかもしれません。

今でも甲子園でよく「エースが200球超えても投げ続けた」「骨折していたにもかかわらず、試合に出続けた」みたいなことが美談として語られるように、あえて理不尽な状況下に置いて、「耐え忍んだほうが強くなれる」「お前のためなんだから、弱音を吐くな」と、叱責する。つらくても「つらい」と言えない、しんどくても監督の言うことは絶対……。

根性論で、何が何でも売上を上げてこい、とだけ指示を出す上司は、スポ根監督と一緒です。そんな状況で、たとえ勝利をつかんでも、「まぐれ」でしかありませんし、再現性がありません。そして無理がたたって、その後の選手生命を奪われるようでは、元も子もないはずです。

タブーのある仮面家族でもなく、根性論の部活動でもなく、勝利という目的を共有し、信頼のもとに本音をぶつけ合うプロ野球チームへ――。そう思ってここまで僕なりに様々なノウハウや視点を手渡してきたつもりです。

それでもまだ、「やっぱりうちの会社ではできそうもない」と思われる読者もいらっしゃるかもしれません。「自分一人ならプロスポーツチームの意識で働くこともできるけれど、周りは変わろうとしないんです。みんな、諦めムードが漂って消極的で……」と、一人フラストレーションを溜めている人も、中にはいることでしょう。

そんな方に、最後に僕が人と一緒に働くときにいちばん大事にしている言葉を共有して、この本を締めくくろうと思います。

！どんな行動にも「前向きな意図」を見出せ

〝assume positive intention〟とは**「どんな行動にもその人なりに、何らかの前向きな意図がある」**という意味の言葉です。

企業で働いていれば、周りの人が自分の思った通りに動いてくれない、なんてことはいたってふつうです。僕だって、とっさに感情的になってしまったことが何度もありました。「なんでいつも愚痴ってばかりで変えようとしないんだ」「『ああしろ、こうしろ』と外野からモノを言ってばかりで腹が立つ」「悲観的に考える前に、すぐやってみればいいのに」……言い出すと、キリがありません。

でも、会議の中でしばしば見られる「困った人」にも、**その人なりに成し遂げたいことがあって、その「目的」のために行動をとっています**。その行動は、あなたから見れば理不尽なことも、面倒なこともあるでしょう。
けれども、その人の心の奥底に潜む「本当の意図」は何なのか。**何を手に入れたくて、何を手放したくないのかを理解すること。少なくとも「理解しよう」とすること。**その姿勢が、仕事を建設的に進め、事態を少しでも好転させるきっかけになるはずです。

たとえば、いつも代案も出さないくせに新しい案の批判ばかりしてくる部下がいるとします。でもその部下だって、実は会社のためを思って、自分が得意な批判的思考で会社に貢献しようとしているのかもしれません。ただ、まだ未熟で解決方法を自分の中に持たないだけのことなのです。

あるいは、いつも言っていることがコロコロ変わる上司だって、会社全体の中で板挟みにあい、「上司の上司」のリクエストを丁寧に叶えようとしているだけのこともあります。子どもがいて、とにもかくにも社内での安定的な地位を確保しようと必死なのかもしれません。

誰かにとって「思い通りにいかない」行動の裏には必ず何かしらの理由があるし、何かを必死になって解決しようとしているのです。そこを理解しようとせずに正論をぶつけるのは簡単です。でも、それでは相手は「攻撃されている」「自分は信頼されていないんだな」と殻に閉じこもってしまうばかり。

そうではなく、常に〝assume positive intention〟の精神で相手にとっての「前向きな意図」を探そうとすれば、仮に会議で感情レベルの葛藤が生まれても「●●さんにとっては、今何が一番プライオリティが高いのか、チームとしてのゴールを達成するために教えてもらえませんでしょうか」とより建設的なコミュニケーションがとれるようになるはずです。それとも、一度ランチに誘ってみて、ふだんは話さないようなことを話してみるのもいいかもしれませんね。

大丈夫！　ここまでこの本を読んでくださったみなさんなら、きっとできるようになっているはずですよ。

おわりに

僕には、いまも後悔し続けている記憶があります。

僕はポーランドのとある小さな村で生まれ育ちました。一番上の兄は僕のことをとてもかわいがってくれて、よく本を買い与えてくれました。本を読むことが大好きになった僕は、兄弟で唯一高校に進み、その後のキャリアにつながったのです。しかし、一番上の兄はポーランドが民主化してからというもの長らく失業を余儀なくされ、アルコール依存症となり、泥酔しては道端に寝るような生活を送るようになりました。

近所の人から「おたくの息子さん、また寝てるわよ」と声をかけられ、引きずるように家へ連れて帰ることもしばしば。うんざりして、僕が大学へ進学したのを境に、すっかり疎遠になってしまいました。

そんな兄が亡くなったのは、僕が大学二年生の時でした。いつものように道端で酔っ払っていた彼は、自動車に轢かれてしまったのです。そうなってはじめて僕は、兄の気持ちを理解しようとしはじめました。なんで、兄は変わろうとしなかったのか。なぜ変われなかったのか。

僕は積極的に関わろうとしなかったことを後悔しました。兄がアルコールに溺れていたのも、仕事ができない苛立ちや不安を、少しでも紛らわせようとしてのこと。自分の中で消化できない問題を解決するために必死だったわけです。あのときの僕には、兄のpositive intentionを読み解く力が足りなかったのでした。

僕がセミナーでよく行うエクササイズがあります。あまり知らない人同士でペアになって、15分間、向かい合ったまま、無言でただジッとお互いの目を見つめあうというものです。人には想像以上に、「この人はこういう人だ」という決めつけや思い込みがあるもの。けれどもずっと目線を合わせていると、先入観が無意味に思えてきます。目の前にいる人は、ただの「人」。それぞれが生まれて死んでいくまでの間、たまたま縁あって、同じ時間と空間を共有している。それなら、せめて一緒にいる間、建設的に、お互いに思いやり、お互いの意見を共有していこう。そういう思いを持った人が増えていけば、世の中の会議はもっとよくなるはずです。

だから僕はもし、「困った人」に遭遇しても、その行動や言葉を受けとめ、「つまりあなたは、こう考えているんですね」「それは、こういう意図を持っていらっしゃるんですね」「わかりました。●●ということですね」と、相手の言わんとすることをブロークン（壊れた）レコードのように何度も何度も繰り返して、「あなたのことを理解している」ということを示します。すると、相手が自分の言葉や意図を再認識し、建設的なコミュニケーションを取ることができるのです。

今、「働き方改革」が注目され、多くのマネジャーが労働時間を削減することに躍起になっています。会議が変わり、時間通りに素晴らしいアウトプットが出せるようになれば、おのずと労働時間を削減することができるでしょう。けれどもみなさんに見失って欲しくないのが、生産性を上げることの本来の意味です。僕がこの本でお話ししたことを俯瞰していただければわかると思いますが、僕が伝えたかったのは、単なるノウハウやティップスだけでなく、その根幹にあるフィロソフィーの重要性です。

会議でどんなゴールを目指し、どんなアウトプットを出すかを明らかにすることは、つまり、そこに参加している人の価値観や信念がどんなもので、お互いにどんな影響を与えようとしているのか、一人ひとりがしっかり認識していて、積極的に関わる責任を負っているということ。この世に生きて、たまたま同じ仕事に関わる以上は、最短の時間で最高の成果を出せるよう、お互いが協力し合って会議に臨む。そして、働いている以外の時間も、実りある豊かな時間にしていこう、ということなのです。

会議は時間通りに終えて、「バイバーイ、お疲れ様。See you tomorrow !」なんて言いながら帰りにイタリアンでも行くような毎日は、最高ですよね。

みなさんとも、ぜひ、いつかどこかでお会いできることを楽しみにしています。

なお、本書を読んで興味を持ってくださった方は、facebook/Twitter@piotrgrzywaczやwww.piotrgrzwacz.com、僕が経営しているモティファイという会社のサイトで配信しているブログやポッドキャスト（http://www.motify.work/batteries/）もご覧いただけたら幸いです。

本書で紹介した内容について、リーダーシップは『0秒リーダーシップ』（すばる舎）、『New Elite』（大和書房）、働き方については『世界一速く結果を出す人は、なぜ、メールを使わないのか』『Ｇｏｏｇｌｅ流 疲れない働き方』（ともにＳＢクリエイティブ）に詳しく書いています。今後も、『世界基準のメンタルを作る』（仮題）、『シリコンバレー流の下積み』（仮題）などのテーマで出版を予定しています。ぜひ一緒に、会議だけではなく、働き方やリーダーシップ、そして世界を変えていきましょう。

最後になりますが、この本は編集協力の大矢幸世さんの多大なご協力なしには生まれませんでした。

他にも、本書にご協力いただいた、新井光樹さん、池田真優さん、伊澤慎一さん、井上一鷹さん、井上陽介さん、大瀧裕樹さん、西城洋志さん、斉藤芳宜さん、世羅侑未さん、竹中美知さん、谷本美穂さん、角田千佳さん、野田稔さん、長谷川誠さん、平原依文さん、藤本あゆみさん、星野珠枝さん、細見純子さん、増渕大輔さん、松本勝さん、丸山杏那さん、宮口礼子さんにも、この場を借りて感謝申し上げます。

日本の会議が、少しでも楽しくなりますように。

著者

［著者］
ピョートル・フェリクス・グジバチ
プロノイア・グループ株式会社 代表取締役／モティファイ株式会社 取締役 チーフサイエンティスト。
プロノイア・グループにて、企業がイノベーションを起こすため組織文化の変革コンサルティングを行い、その知見／メソッドをモティファイにてテクノロジー化。2社の経営を通じ、変革コンサルティングをAIに置き換える挑戦をする。
ポーランド生まれ。2000年に来日しベルリッツ、モルガン・スタンレーを経て、2011年Googleに入社。アジアパシフィックにおけるピープルディベロップメント、2014年からグローバルでのラーニング・ストラテジーに携わり、人材育成と組織開発、リーダーシップ開発の分野で活躍。2015年独立して現職。
『0秒リーダーシップ』『世界一速く結果を出す人は、なぜ、メールを使わないのか グーグルの個人・チームで成果を上げる方法』『New Elite』『Google流 疲れない働き方』著者。

グーグル、モルガン・スタンレーで学んだ
日本人の知らない会議の鉄則

2018年5月9日　第1刷発行

著　者――ピョートル・フェリクス・グジバチ
発行所――ダイヤモンド社
〒150-8409　東京都渋谷区神宮前6-12-17
http://www.diamond.co.jp/
電話／03･5778･7236（編集）　03･5778･7240（販売）
編集協力――大矢幸世
装丁――――竹内雄二
本文DTP――朝日メディアインターナショナル
製作進行――ダイヤモンド・グラフィック社
印刷――――堀内印刷所（本文）・加藤文明社（カバー）
製本――――本間製本
編集担当――井上慎平

ISBN 978-4-478-10429-3